cycle 4

La Grammaire par les exercices

5e

nouvelle édition 2021

Conforme au programme

Cahier d'EXERCICES

Joëlle PAUL
Certifiée de lettres classiques

Avec la participation d'Isabelle-Marie FRANCHET
Agrégée de lettres modernes

Année scolaire ....

Nom ....

Prénom ....

Classe ....

Les cahiers de français

bordas
éditeur

Je travaille efficacement avec mon cahier de grammaire

Avec les pages **Méthode**, j'apprends à apprendre.

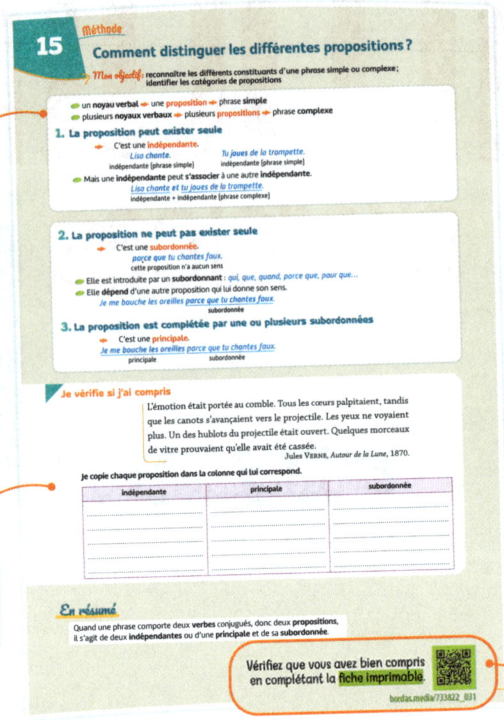
Méthode
15 Comment distinguer les différentes propositions ?
Mon objectif : reconnaître les différents constituants d'une phrase simple ou complexe ; identifier les catégories de propositions

un noyau verbal → une proposition → phrase simple
plusieurs noyaux verbaux → plusieurs propositions → phrase complexe

1. La proposition peut exister seule
C'est une indépendante.
Lisa chante. — Tu joues de la trompette.
Mais une indépendante peut s'associer à une autre indépendante.
Lisa chante et tu joues de la trompette.

2. La proposition ne peut pas exister seule
C'est une subordonnée.
parce que tu chantes faux.
cette proposition n'a aucun sens
Elle est introduite par un subordonnant : qui, que, quand, parce que, pour que…
Elle dépend d'une autre proposition qui lui donne son sens.
Je me bouche les oreilles parce que tu chantes faux.

3. La proposition est complétée par une ou plusieurs subordonnées
C'est une principale.
Je me bouche les oreilles parce que tu chantes faux.

Je vérifie si j'ai compris
L'émotion était portée au comble. Tous les cœurs palpitaient, tandis que les canots s'avançaient vers le projectile. Les yeux ne voyaient plus. Un des hublots du projectile était ouvert. Quelques morceaux de vitre prouvaient qu'elle avait été cassée.
Jules Verne, Autour de la Lune, 1870.

Je copie chaque proposition dans la colonne qui lui correspond.

indépendante	principale	subordonnée

En résumé
Quand une phrase comporte deux verbes conjugués, donc deux propositions, il s'agit de deux indépendantes ou d'une principale et de sa subordonnée.

Vérifiez que vous avez bien compris en complétant la fiche imprimable.
bordas.media/733822_031

Je comprends la méthode.

Je mets en application la méthode.

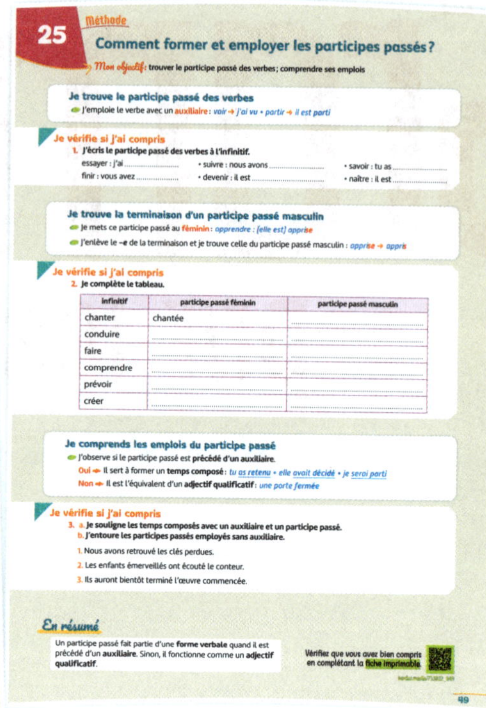
Méthode
25 Comment former et employer les participes passés ?
Mon objectif : trouver le participe passé des verbes ; comprendre ses emplois

Je trouve le participe passé des verbes
J'emploie le verbe avec un auxiliaire : voir → j'ai vu • partir → il est parti

Je vérifie si j'ai compris
1. J'écris le participe passé des verbes à l'infinitif.
essayer : j'ai … • suivre : nous avons … • savoir : tu as …
finir : vous avez … • devenir : il est … • naître : il est …

Je trouve la terminaison d'un participe passé masculin
Je mets ce participe passé au féminin : apprendre : (elle est) apprise
J'enlève le -e de la terminaison et je trouve celle du participe passé masculin : apprise → appris

Je vérifie si j'ai compris
2. Je complète le tableau.

infinitif	participe passé féminin	participe passé masculin
chanter	chantée	
conduire		
faire		
comprendre		
prévoir		
créer		

Je comprends les emplois du participe passé
J'observe si le participe passé est précédé d'un auxiliaire.
Oui → Il sert à former un temps composé : tu as retenu • elle avait décidé • je serai parti
Non → Il est l'équivalent d'un adjectif qualificatif : une porte fermée

Je vérifie si j'ai compris
3. a. Je souligne les temps composés avec un auxiliaire et un participe passé.
b. J'entoure les participes passés employés sans auxiliaire.
1. Nous avons retrouvé les clés perdues.
2. Les enfants émerveillés ont écouté le conteur.
3. Ils auront bientôt terminé l'œuvre commencée.

En résumé
Un participe passé fait partie d'une forme verbale quand il est précédé d'un auxiliaire. Sinon, il fonctionne comme un adjectif qualificatif.
Vérifiez que vous avez bien compris en complétant la fiche imprimable.

49

Je vérifie si j'ai bien compris en complétant une fiche de synthèse imprimable.

Avec les **fiches**, je travaille les notions de grammaire.

J'accède à d'autres exercices numériques pour réviser les bases et pour me perfectionner.

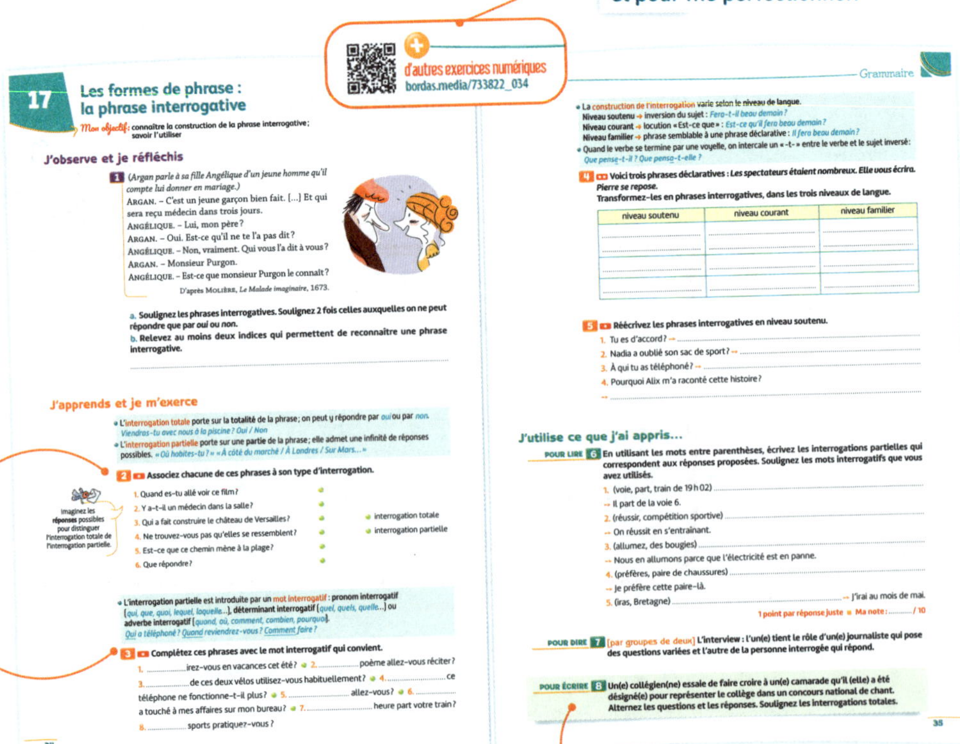
d'autres exercices numériques
bordas.media/733822_034

17 Les formes de phrase : la phrase interrogative
Mon objectif : connaître la construction de la phrase interrogative ; savoir l'utiliser

J'observe et je réfléchis
1 (Argan parle à sa fille Angélique d'un jeune homme qu'il compte lui donner en mariage.)
ARGAN. – C'est un jeune garçon bien fait. […] Et qui sera reçu médecin dans trois jours.
ANGÉLIQUE. – Lui, mon père ?
ARGAN. – Oui. Est-ce qu'il ne te l'a pas dit ?
ANGÉLIQUE. – Non, vraiment. Qui vous l'a dit à vous ?
ARGAN. – Monsieur Purgon.
ANGÉLIQUE. – Est-ce que monsieur Purgon le connaît ?
D'après Molière, Le Malade imaginaire, 1673.
a. Soulignez les phrases interrogatives. Soulignez 2 fois celles auxquelles on ne peut répondre que par oui ou non.
b. Relevez au moins deux indices qui permettent de reconnaître une phrase interrogative.

J'apprends et je m'exerce
• L'interrogation totale porte sur la totalité de la phrase ; on peut y répondre par oui ou par non.
• L'interrogation partielle porte sur une partie de la phrase ; elle admet une infinité de réponses possibles.

2 Associez chacune de ces phrases à son type d'interrogation.
1. Quand es-tu allé voir ce film ?
2. Y a-t-il un médecin dans la salle ?
3. Qui a fait construire le château de Versailles ?
4. Ne trouvez-vous pas qu'elles se ressemblent ?
5. Est-ce que ce chemin mène à la plage ?
6. Que répondre ?
• interrogation totale
• interrogation partielle

• L'interrogation partielle est introduite par un mot interrogatif : pronom interrogatif (qui, que, quoi, lequel, laquelle…), déterminant interrogatif (quel, quels, quelle…) ou adverbe interrogatif (quand, où, comment, combien, pourquoi).

3 Complétez ces phrases avec le mot interrogatif qui convient.

34

Grammaire

4 Voici trois phrases déclaratives : Les spectateurs étaient nombreux. Elle vous écrira. Pierre se repose.
Transformez-les en phrases interrogatives, dans les trois niveaux de langue.

niveau soutenu	niveau courant	niveau familier

5 Réécrivez les phrases interrogatives en niveau soutenu.
1. Tu es d'accord ?
2. Nadia a oublié son sac de sport ?
3. À qui tu as téléphoné ?
4. Pourquoi Alix m'a raconté cette histoire ?

J'utilise ce que j'ai appris…
POUR LIRE 6 En utilisant les mots entre parenthèses, écrivez les interrogations partielles qui correspondent aux réponses proposées. Soulignez les mots interrogatifs que vous avez utilisés.
POUR DIRE 7 L'interview : l'un(e) tient le rôle d'un(e) journaliste qui pose des questions variées et l'autre de la personne interrogée qui répond.
POUR ÉCRIRE 8 Un(e) collégien(ne) essaie de faire croire à un(e) camarade qu'il (elle) a été désigné(e) pour représenter le collège dans un concours national de chant. Alternez les questions et les réponses. Soulignez les interrogations totales.

35

Avec les leçons et les exercices, j'apprends et je m'entraîne pas à pas.

Des étoiles m'indiquent le niveau de difficulté de chaque exercice.

J'utilise les notions que j'ai apprises pour lire, dire et écrire.

© BORDAS / SEJER, 2021 • ISBN 978-2-04-733822-3

Avec les pages d'**évaluation**, j'évalue mes connaissances et mes compétences.

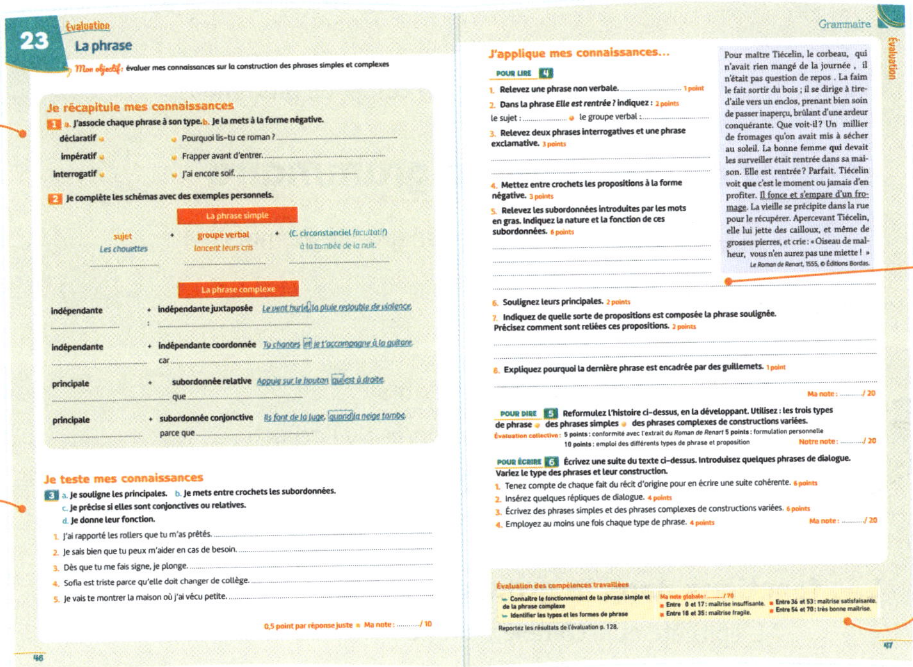

Je fais le point sur ce que je sais avant de m'évaluer.

Je teste mes connaissances.

Je teste mes compétences d'écriture, de lecture et d'oral.

J'évalue mes compétences.

Avec les pages **Dictée**, je me prépare et je m'entraîne.

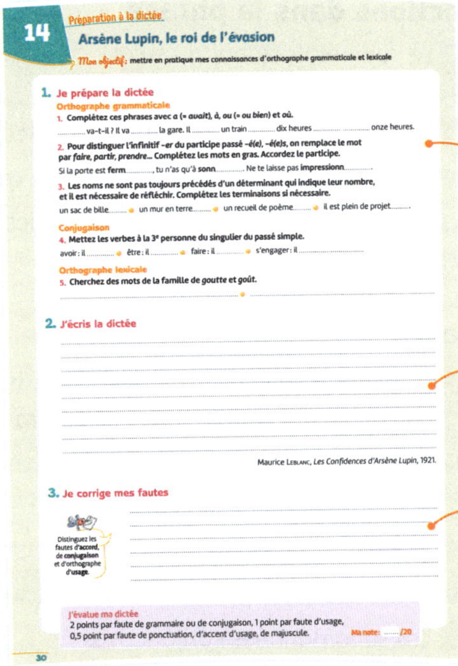

Je m'exerce avec des exercices préparatoires.

J'écris la dictée.

Je corrige mes fautes.

POUR M'EXERCER AVEC LE NUMÉRIQUE

- **270 exercices numériques autocorrectifs**
  Pour chaque notion :
  – des exercices pour découvrir ou retravailler les bases, avec des aides pour surmonter les difficultés
  – des exercices pour se perfectionner
- **6 fiches méthode** imprimables à compléter pour ancrer les connaissances

3 MOYENS D'ACCÈS
– **QRcode®**, sur smartphone ou tablette
– **mini-liens**, sur tablette ou ordinateur
– **site compagnon** : college.editions-bordas.fr

Pour accéder aux ressources par QRcode®, c'est simple :
1. Je télécharge gratuitement l'application QRcode®
2. Je scanne le QRcode® en plaçant mon appareil au-dessus de la page
3. J'accède directement à la ressource.

Sommaire

Orthographier et accorder les mots

Étudier le vocabulaire

Apprendre à organiser et développer un récit

1

Méthode

Comment analyser un groupe de mots ?

Mon objectif : savoir trouver la nature et la fonction d'un groupe de mots, pour mieux l'analyser

1. Je distingue la nature et la fonction

nature
C'est ce qu'**est** le mot ou le groupe de mots, quel que soit son rôle dans la phrase.

fonction
C'est le **rôle** qu'il joue dans la phrase.

• groupe nominal → 1. *Regarde ces gros rochers.* • COD du verbe *regarde*
→ 2. *Ces gros rochers sont impressionnants.* • sujet du verbe *sont*

Je vérifie si j'ai compris

1. **Je classe les mots et expressions ci-dessous dans le tableau.**
épithète • complément du nom • déterminant possessif • sujet • verbe • pronom personnel • attribut • COI • préposition • conjonction de coordination • complément circonstanciel

classes grammaticales	fonctions
....	....
....	....
....	....
....	....

2. Je recherche la nature du groupe de mots

Exemple : Quelle est la nature du groupe de mots souligné ?
J'aime dessiner des animaux.

1. Je cherche le **noyau** du **groupe de mots** (le mot le plus important).
→ *dessiner (des animaux).*

2. Je cherche la **nature** du **noyau.**
→ *dessiner* : **infinitif**

3. J'en déduis la **nature** du **groupe de mots.**
→ *dessiner des animaux* : **groupe infinitif**

nature du noyau		**nature du groupe de mots**
*un grand **champ** de maïs*	**nom**	→ groupe nominal
***apprendre** à cuisiner*	**infinitif**	→ groupe infinitif
***regardait** une vidéo*	**verbe** (conjugué)	→ groupe verbal

Je vérifie si j'ai compris

2. **J'indique la nature de chaque groupe de mots en gras, après avoir souligné son noyau.**

a. Elle accepte **de m'aider à comprendre la leçon.** ....

b. On **aperçoit des aigles tournoyant dans le ciel.** ....

c. Ils s'enfoncèrent **dans une dense et sombre forêt de sapins.** ....

3. Je recherche la fonction du groupe de mots

- Je recherche la **fonction** du **noyau** employé seul.

J'aime dessiner des animaux.

➜ *J'aime dessiner.*
COD de *aime*

- J'en déduis la **fonction** du **groupe de mots**.

➜ *J'aime dessiner des animaux.*
COD de *aime*

Je vérifie si j'ai compris

3. J'indique la fonction des groupes de mots en gras après avoir souligné le noyau.

1. **Une épaisse couche de poussière** recouvrait les meubles. ....
2. Le garçon **rouge de colère** quitta la salle. ....
3. Ma sœur ressemble beaucoup **à ma mère enfant**. ....

4. Je fais l'analyse complète du groupe de mots

- J'indique la **nature** du **groupe de mots**.
Si c'est un groupe nominal, je précise son **genre** et son **nombre** (ceux du noyau).

- Je donne ensuite sa **fonction**.

➜ *J'aime dessiner des animaux.*
groupe infinitif, COD du verbe *aime*

Je vérifie si j'ai compris

4. Je fais l'analyse des groupes de mots en gras.

1. **Le vieux mur de pierres** est à demi écroulé.
....
2. Ils adorent **lézarder au soleil**.
....
3. Ce voilier est **le bateau qui a remporté la course**.
....

En résumé

Un **groupe de mots** s'analyse comme un mot isolé. Sa **nature** dépend de celle du **noyau** et sa **fonction** est celle qu'aurait ce **noyau** s'il était employé seul.

Vérifiez que vous avez bien compris en complétant la fiche imprimable.
bordas.media/733822_007

2 Le nom et les déterminants

d'autres exercices numériques
bordas.media/733822_008

Mon objectif : identifier les noms et les principaux déterminants qui les accompagnent

J'observe et je réfléchis

1 L'éléphant fit entendre un grognement de satisfaction. Puis, prenant le garçon par la ceinture et l'enroulant de sa trompe, il l'enleva jusqu'à la hauteur de sa tête. Passepartout, nullement effrayé, fit une bonne caresse à l'animal qui le replaça doucement à terre.

Jules VERNE, *Le Tour du monde en 80 jours*, 1872.

a. **Soulignez les noms.**

b. **Entourez les déterminants qui précèdent la plupart d'entre eux.**

J'apprends et je m'exerce

- Le **nom** est le noyau du groupe nominal (GN).
- Il est souvent précédé d'un **déterminant** : *le, une, mes, plusieurs...*
- Il peut être accompagné d'**expansions** qui complètent son sens.
  *Un mystérieux **coffret** de métal qu'on ne pouvait ouvrir.*

2 ✱ **Surlignez les noms qui sont les noyaux des GN en gras.**

Le **noyau** du GN est le **nom** qu'on ne peut **pas supprimer**.

Yvain franchit **le seuil du château de Pire Aventure** et trouva **une grande salle haute et neuve.** Il y avait devant lui **un préau clos de pieux aigus, ronds et gros.** Et il vit là, entre les pieux, **trois cents demoiselles qui faisaient divers ouvrages avec du fil d'or.**

CHRÉTIEN DE TROYES, *Yvain ou le Chevalier au Lion*, vers 1176.

- Il existe des **noms propres** (*Napoléon, Brest*) et des **noms communs** (*table, chat, joie*).
- On distingue les **noms animés** (personnes ou animaux) et les **noms non animés** (ce qui n'est pas vivant).
- Chaque nom a un **genre** (masculin, féminin) qui lui est propre.

3 ✱ **Classez les noms du texte de l'exercice 2.**

Nom propre animé : ....

Nom propre non animé : ....

Nom commun animé : ....

Noms communs non animés : ....

....

- L'**article défini** sert à désigner un être ou un objet **précis** : *le, la, l'* (devant une voyelle ou un *h* muet), *les* et *au* (= *à* + *le*), *aux* (= *à* + *les*), *du* (= *de* + *le*), *des* (= *de* + *les*), qui sont des **définis contractés**.
- L'**article indéfini** sert à désigner un être ou un objet qui n'est pas précisé : *un, une, des, de, d'* (devant une voyelle ou un *h* muet).
- L'**article partitif** sert à désigner une matière, un tout qu'on ne peut pas dénombrer (*du lait, de la brume*) : *du, de la, de l', des*. On peut le remplacer par *un peu de*.

4 ✱ **Complétez ces phrases avec *des, de* ou *d'*.**

On emploie ***de*** et ***d'*** à la place de ***des***, devant l'adjectif épithète d'un nom pluriel et dans des phrases négatives.

1. Il reste .... prunes, mais il n'y a plus .... abricots.
2. .... belles illustrations ornent les pages .... livres.
3. .... pommes délicieuses poussaient sur .... vieux pommiers rabougris.
4. On voyait .... étranges silhouettes portant .... curieux chapeaux.

5 ** **Surlignez *des, du* et *de la* et associez-les à leur nature.**

1. J'aperçois des mouettes.
2. Elle met de la confiture sur sa tartine.
3. Le bec des merles est jaune.
4. Ne ratons pas le début du film.
5. Il y a souvent du vent sur cette côte.

- article indéfini
- article défini contracté
- article partitif

- Les **déterminants démonstratifs** servent à désigner ce dont on vient de parler ou ce que l'on montre : *ce, cet, cette, ces. **Regarde cette étoile.***
- Les **déterminants possessifs** indiquent généralement la possession (*l'agilité du singe → son agilité*) : *mon, ton, son, ma, ta, sa, mes, tes, ses, notre, votre, leur, nos, vos, leurs.*

Un nom **masculin** commençant par une **voyelle** est précédé de *cet* ; par *h*, il est précédé de *ce* ou *cet*.

6 * **Faites précéder ces noms d'un déterminant démonstratif.**

Ce éléphant • Cette épine • Ce manège
Ce instrument • Cette idée • Cette vis

7 ** **Faites précéder ces noms d'un déterminant possessif de la 3e personne du singulier.**

Son quartier • ma famille • votre idée • vos travail • notre école
ta ville • son histoire • ton effort • leur habitude • vos épée

J'utilise ce que j'ai appris…

POUR LIRE **8** *(Pêcheurs dans la brume.)*

À intervalles réguliers, l'un d'eux soufflait dans une **trompe** de corne d'où sortait un bruit pareil au beuglement d'une bête sauvage. Quelquefois, du dehors, du fond des brumes blanches, un autre **beuglement** lointain répondait à leur appel. Alors on veillait davantage. Si le cri se rapprochait, toutes les **oreilles** se tendaient vers ce lointain inconnu.

Pierre LOTI, *Pêcheurs d'Islande*, 1886.

a. Surlignez les groupes nominaux dont les noms en gras sont les noyaux. .... /3

b. Donnez la nature des déterminants soulignés. .... /7

une : indéfini • au : ....
du : partitif • un : ....
leur : possessifs • le : défini contracté
ce : démonstratifs

Ma note : .... / 10

POUR DIRE **9** **Proposez un GN contenant deux déterminants de natures différentes et précisez ces natures.**

POUR ÉCRIRE **10** **En ouvrant votre sac de classe, vous y trouvez un objet insolite. Racontez la découverte et décrivez l'objet. Votre paragraphe contiendra :**
- un GN composé d'un déterminant possessif, d'un nom et d'un adjectif qualificatif,
- un GN composé d'un déterminant démonstratif, d'un adjectif qualificatif et d'un nom,
- deux articles partitifs et deux articles définis contractés.

3 Les pronoms personnels et relatifs

d'autres exercices numériques
bordas.media/733822_010

Mon objectif : identifier les pronoms personnels et relatifs ; comprendre comment ils fonctionnent

J'observe et je réfléchis

1 À première vue, Joseph Grand n'était rien de plus que le petit employé de mairie dont il avait l'allure. Long et maigre, il flottait au milieu de vêtements **qu'**il choisissait toujours trop grands, dans l'illusion qu'**ils** lui feraient plus d'usage. S'il gardait encore la plupart de ses dents sur les gencives inférieures, il avait perdu en revanche **celles** de la mâchoire supérieure.

Albert Camus, *La Peste*, © Gallimard, 1947.

a. Quel nom propre le pronom personnel souligné remplace-t-il ? ....

b. Surlignez les autres pronoms qui le remplacent.

c. Quels mots les pronoms en rouge remplacent-ils ?

qu' : .... ils : .... celles : ....

Ces mots sont placés **avant** les pronoms et sont repris par eux.

J'apprends et je m'exerce

- Un **pronom** **remplace** un mot ou un groupe de mots déjà utilisé : nom, GN, infinitif, phrase…
  *Lola appelle **ses amis**, mais ils ne l'entendent pas.*
- Les pronoms ont les mêmes **fonctions** que le nom : sujet, COD, COI, attribut…

2 * **Soulignez les pronoms qui reprennent les mots en gras.**

1. Peux-tu me rendre **le livre** que je t'ai prêté, parce que mon frère voudrait le lire.
2. « Souhaitez-vous **recevoir de la documentation** ? » « Non, je ne le souhaite pas. »
3. « Es-tu **satisfaite** ? » « Oui, je le suis. »

- Les **pronoms personnels** varient selon la personne, le genre, le nombre et la fonction.

pronoms personnels sujets	pronoms personnels compléments
je, j', tu, il, elle, on • nous, vous, ils, elles	*me, m', moi, te, t', toi, le, l', la, lui, se, s', soi • nous, vous, les, leur, eux, elles, se, s'*

3 * **Associez les groupes soulignés au pronom qui peut les remplacer.**

1. Le chat et la panthère sont des félins. •
2. Je le dirai à mon frère. •
3. Je vais au cinéma avec Karim et Mona. •
4. Tes camarades sont déjà arrivées. •

• elles
• ils
• eux
• lui

4 ** **Complétez ces phrases avec les pronoms personnels qui conviennent.**

1. C'est .... qui as le plus d'expérience.
2. Mes amis, je .... remercie de tout cœur.
3. C'est Charlotte et .... qui avons décoré ce panneau.
4. C'est .... qui es la plus jeune.
5. J'ai acheté un livre pour ma sœur et je .... ai offert.

5 ✱ **Réécrivez ce qui est souligné en évitant les répétitions grâce à des pronoms personnels.**

1. Sam est au CDI avec deux camarades parce que Sam va faire un exposé avec ses deux camarades. ....

2. Les comédiens répètent une pièce ; on dit que les comédiens vont jouer la pièce bientôt. ....

6 ✱✱ **a. Soulignez les pronoms personnels. b. Indiquez leur fonction.**

1. Elle est venue avec sa sœur pour nous la présenter.

....

....

2. J'ai été puni à cause de toi !

....

Subordonnée relative → p. 18.

- Les **pronoms relatifs** remplacent un nom, un GN ou un pronom appelé **antécédent**.

pronoms relatifs	*qui, que, quoi, dont, où* • *lequel, laquelle, auxquels…*	introduisent une subordonnée relative.	*Montre-moi le livre que tu lis.*

7 ✱ **a. Complétez ces phrases avec ces pronoms relatifs : *qui, que, laquelle, dont*. b. Soulignez leur antécédent.**

1. Les oiseaux ont mangé les graines .... j'avais semées.
2. La compétition .... devait avoir lieu demain est reportée.
3. C'est le seul détail .... je me souviens.
4. Je vais te montrer la raquette avec .... j'ai gagné tous mes matchs.

J'utilise ce que j'ai appris…

POUR LIRE 8 [C'est ainsi que Robinson] constata que la mer cernait de tous côtés la terre **où il** se trouvait et qu'aucune trace d'habitation n'était visible ; il était donc sur une île déserte. Il s'expliqua ainsi l'immobilité du bouc **qu'**il avait assommé. Les animaux sauvages **qui** n'ont jamais vu l'homme ne fuient pas à son approche. Au contraire, ils **l'**observent avec curiosité.

Michel TOURNIER, *Vendredi ou la vie sauvage*, © Gallimard, 1971.

a. Donnez la nature des pronoms en rouge. ..../6

où : .... • il : ....

qu' : .... • qui : ....

l' : ....

b. Surlignez les pronoms personnels. ..../4

Ma note : .... / 10

POUR DIRE 9 **Expliquez comment vous avez identifié la nature précise des pronoms de l'exercice 8.**

POUR ÉCRIRE 10 **Continuez le texte de l'exercice 1 en commençant par *Mais en réalité Joseph Grand était un homme exceptionnel*. Vous emploierez des pronoms personnels et relatifs.**

4 L'adjectif qualificatif Les degrés de l'adjectif

+ d'autres exercices numériques
bordas.media/733822_012

Mon objectif : consolider ma connaissance sur les adjectifs ; comprendre la formation et l'utilisation des comparatifs et des superlatifs

J'observe et je réfléchis

1 *(L'hirondelle.)*

Cet oiseau, laid au repos, au vol est le plus beau de tous. Des ailes en forme de faux, les yeux saillants, point de cou ; de pied, peu ou point ; tout en aile. Voilà les grands traits généraux. Ajoutez un très large bec, toujours ouvert, qui happe sans arrêter, au vol, se ferme et se rouvre. Si l'hirondelle n'égale pas en ligne droite le vol foudroyant du faucon, en revanche elle est bien plus libre.

Jules MICHELET, *L'Oiseau*, 1856.

a. Surlignez les adjectifs qualificatifs et entourez les noms et le pronom auxquels ils se rapportent.

b. Le groupe de mots *le plus beau* (l. 1) établit une comparaison entre l'hirondelle et :

un autre oiseau ☐ tous les autres oiseaux ☐

c. Le groupe de mots *bien plus libre* (l. 7) établit une comparaison entre l'hirondelle et :

un autre oiseau ☐ tous les autres oiseaux ☐

J'apprends et je m'exerce

- L'**adjectif qualificatif** apporte une précision sur un **nom** ou un **pronom**.
  Il **s'accorde** avec lui : *Ils sont fiers de leur belle réussite.*

2 * **a. Placez ces adjectifs dans les phrases, en les accordant correctement.**

attentif – vert – noir – précieux – grand – haut – dansant

b. Soulignez les mots auxquels ils se rapportent.

1. La panthère .... se coule dans les .... herbes. 2. Ils ne sont pas assez .... 3. Des algues .... recouvrent la plage. 4. À la lueur des flammes ...., j'aperçus un .... tas de pièces d'or et de pierres ....

- Le **comparatif** établit une comparaison entre **deux** êtres ou **deux** choses.
- Le comparatif peut être accompagné d'un **complément**.
  Comparatif de supériorité : *Ce livre-ci est **plus intéressant** que ce livre-là.*
  Comparatif d'égalité : *Ce livre-ci est **aussi intéressant** que ce livre-là.*
  Comparatif d'infériorité : *Ce livre-ci est **moins intéressant** que ce livre-là.*

3 * **Complétez ces phrases avec *plus, moins, aussi*. Soulignez les comparatifs. Mettez les compléments des comparatifs entre crochets.**

1. Le mois d'octobre est .... long que le mois de décembre.
2. Le mois de novembre est .... long que le mois de décembre.
3. Le mois de septembre est .... court que le mois d'octobre.

Certains comparatifs et superlatifs sont **irréguliers** : *mauvais → (le) plus mauvais ou (le) pire.*

- Le **superlatif relatif** établit une comparaison entre un être ou une chose et un **ensemble** d'êtres ou de choses.
- Le superlatif relatif peut être accompagné d'un **complément**.
  Superlatif de supériorité : *On dit que la tortue est **le plus lent** des animaux.*
  Superlatif d'infériorité : *Le mois de février est le mois **le moins long**.*

4 **Soulignez les comparatifs et entourez les superlatifs.**

1. Dans le monde, la boisson la plus répandue est le thé.
2. Le teckel est plus petit que le doberman.
3. À la campagne, l'air est souvent moins pollué qu'en ville.
4. Ma chambre est la moins grande des pièces de la maison, mais elle est la plus calme.
5. Mon frère est aussi silencieux qu'un chat.

- On fait varier le **degré** d'intensité d'un adjectif avec des adverbes : *peu, assez, légèrement, suffisamment, trop… C'était assez facile.*
- Le **superlatif absolu** exprime un degré d'intensité **maximum** grâce à des adverbes : *très, fort, extrêmement… Cette porcelaine est très belle, mais extrêmement fragile.*

5 **Numérotez ces groupes de mots du plus faible au plus fort.**

très grand ☐ • assez grand ☐ • peu grand ☐ • immensément grand ☐

6 **Remplacez chaque adjectif par un superlatif absolu de sens proche.**

1. Cet arbre est immense. (……………………………………)
2. Myriam est hypersensible. (……………………………………)
3. Cet avare est richissime. (……………………………………)
4. Ton écriture est microscopique. (……………………………………)

J'utilise ce que j'ai appris…

POUR LIRE **7** S'il y a un bel arbre, le seigneur le fait venir avec ses racines, même si elles sont très longues. Comme ce sont des éléphants qui les portent, ces arbres peuvent être aussi grands qu'il le désire. Voilà pourquoi il possède les plus beaux arbres du monde. J'ajoute que ce puissant seigneur a fait couvrir toute cette colline de pierres et de roches très vertes.

D'après Marco Polo, *Le Livre des merveilles*, 1298.

a. **Soulignez les adjectifs qualificatifs.** ………… /6

b. **Relevez un comparatif et précisez s'il exprime la supériorité, l'égalité ou l'infériorité.** ………… /1

……………………………………………………………………

c. **Relevez un superlatif relatif et son complément.** ………… /1

……………………………………………………………………

d. **Entourez deux superlatifs absolus.** ………… /2

Ma note :………… / 10

POUR DIRE **8** [en groupe] **Écrivez un adjectif au tableau. Puis proposez le plus possible de phrases construites avec des degrés différents de cet adjectif.**

POUR ÉCRIRE **9** **Présentez plusieurs objets auxquels vous êtes attaché(e), en utilisant de nombreux comparatifs et superlatifs. Pour exprimer vos sentiments, pensez à varier les adverbes d'intensité : *un peu, assez, extrêmement…***

5 Les prépositions et les conjonctions

d'autres exercices numériques
bordas.media/733822_014

Mon objectif : mémoriser et utiliser les prépositions et les conjonctions ; différencier les conjonctions de coordination et de subordination

J'apprends et je m'exerce

Les prépositions introduisent des **compléments**.

- Les **prépositions** se placent **devant** des noms, des GN, des pronoms, des infinitifs, des groupes infinitifs : *à, de, dans, pour, sans, par, contre, vers, chez, avec, près de, jusqu'à, à côté de...*

1 * **Complétez ces phrases avec ces prépositions.**

jusqu'à | sur | après | sans | contre | près de | de | d'

1. Une branche .... arbre cognait .... le mur. • 2. .... une traversée aussi mouvementée, ils quittèrent le bateau .... regret. • 3. Arthur habite tout .... la boulangerie. • 4. Il lui donna des conseils .... la façon .... poser du papier peint. • 5. Vous pouvez garder ce livre .... lundi.

- Les **conjonctions de coordination** *et, ou, ni, mais, or, car, donc* **relient** deux mots, deux groupes de mots ou deux propositions.

2 * **Complétez ces phrases en utilisant toutes les conjonctions de coordination.**

1. En 4e, étudieras-tu l'allemand .... l'espagnol ? • 2. Je n'ai trouvé ce film .... drôle .... intéressant. • 3. Elle découpe les timbres sur les lettres qu'elle reçoit, ... elle fait une collection. • 4. Le loup était affamé. ...., ce jour-là, un agneau innocent .... dodu paissait dans le pré. • 5. Ce gâteau était minuscule .... délicieux. • 6. Ils ont flâné .... pris leur temps : ils sont .... en retard.

- Les **conjonctions de subordination** introduisent des **subordonnées conjonctives** : *que, quand, lorsque, dès que, après que, pendant que, tandis que, alors que, parce que, puisque, comme, pour que, afin que, quoique...*

3 ** **Complétez les phrases avec ces conjonctions de subordination :** parce que | afin que | alors que. **Soulignez les subordonnées.**

1. Une pluie diluvienne s'est mise à tomber .... nous nous apprêtions à sortir.
2. Il a planté un noyer, ... les générations futures aient de l'ombre et des noix.
3. Nous nous sommes installés à l'ombre d'un rocher .... le soleil était brûlant.

4 ** Le même jour, **vers** le milieu **de** l'après-midi, Sybil arriva **dans** ma hutte, **à** l'improviste. Elle m'avait bien dit **qu'**elle viendrait **chez** moi **pour** un entretien où nous serions seuls. **Mais** j'avais pensé **qu'**elle me ferait prévenir **à** l'avance **de** sa visite.

Joseph KESSEL, *Le Lion*, © éd. Gallimard, 1958.

a. **Classez les mots en gras dans leur catégorie.**

prépositions : ....

conjonction de coordination : ....

conjonctions de subordination : ....

b. **Soulignez les subordonnées conjonctives.**

ÉCRIRE **5** **Construisez quatre phrases contenant, respectivement :** ***jusqu'à, or, alors que, afin que.***

6 Les adverbes

d'autres exercices numériques
bordas.media/733822_015

Mon objectif : identifier les différentes catégories d'adverbes ; comprendre leur emploi

J'apprends et je m'exerce

- Les **adverbes** sont des mots **invariables** qui précisent, le plus souvent, le sens d'un adjectif ou d'une action. *Un fruit bien mûr. Vous marchez vite.*

L'adverbe peut prendre la forme d'une **locution** (plusieurs mots) **adverbiale** : *en effet.*

1 * **Surlignez les intrus.**

1. ensuite • changement • jamais • étrangement • tout à coup
2. facile • là • tard • toutefois • en vain • surtout • loin

- Les adverbes **circonstanciels** : *ici* (lieu), *toujours* (temps), *vite, facilement* (manière)...
- Les adverbes d'**intensité** et **de quantité** : *si, tant, tellement, très, plus, trop, assez...*
- Les adverbes de **liaison** : *en effet, aussi, de plus, cependant, c'est pourquoi, d'abord, puis...*
- Les adverbes de **négation** : *non, ne* généralement suivi de *pas, plus, jamais, guère...*

2 * **Remplacez les GN soulignés par des adverbes. Précisez la circonstance exprimée.**

1. Il escalada le mur avec souplesse. → ....
2. Nous reviendrons dans un avenir proche. → ....
3. Je l'ai posé à cet endroit. → ....

3 ** **Complétez les phrases avec des adverbes de liaison choisis dans la liste ci-dessus.**

1. Samir est malade, ... il ne vient pas ; il a .... attrapé une angine. • 2. Léa est malade, ... elle viendra en cours. • 3. .... vous séparez les blancs des jaunes, ... vous battez les blancs en neige.

4 * **Répondez à ces questions par une phrase négative. Soulignez les adverbes négatifs.**

1. Reste-t-il encore du chocolat ? Non, ...
2. Ton grand-père joue-t-il souvent au football ? Non, ...
3. Sais-tu si tu seras interrogé ? Non, ...

5 * **Classez les adverbes soulignés dans le tableau ci-dessous, selon leur catégorie.**

Dehors, il pleut beaucoup et il y a un vent très froid. Nous ne ferons donc pas une marche aujourd'hui. Cependant nous pourrions aller à la patinoire et, ensuite, au cinéma. Nous n'y allons jamais et puis, cela me ferait vraiment plaisir.

circonstanciels	intensité/quantité	liaison	négation
....	....	....	....
....	....	....	....

1 point par réponse juste ■ Ma note : .... / 10

ÉCRIRE 6 Vous vous rendez sur une autre planète et découvrez un paysage extraordinaire. Décrivez-le. Vous emploierez, au moins, deux adverbes circonstanciels, deux adverbes de liaison, deux adverbes d'intensité et un adverbe de négation.

7 L'épithète et le complément du nom

d'autres exercices numériques
bordas.media/733822_016

Mon objectif : identifier et utiliser les épithètes et les compléments du nom

J'observe et je réfléchis

1 Le **tronc** des chênes restait dans une majestueuse **obscurité** ; mais, un peu plus loin, les **tiges** blanches des bouleaux semblaient une **rangée** de fantômes dans leurs suaires.

George SAND, *La Mare au diable*, 1846.

a. **Lisez mentalement cette phrase sans les mots soulignés. Déduisez leur utilité par rapport aux noms en rouge.**

....

b. **Quelles sont les natures des deux catégories de mots soulignés ?**

....

J'apprends et je m'exerce

- La fonction épithète est une **expansion** du nom.
- L'épithète est un **adjectif** ou un **participe** qui qualifie directement un nom sans l'intermédiaire d'un verbe.
Au centre du salon se trouvent deux grands fauteuils et une table basse en bois peint.

2 * **Entourez les adjectifs et participes épithètes. Soulignez les noms qu'ils qualifient.**

Tous les adjectifs ne sont pas des épithètes.

1. La frêle petite pousse est devenue un arbre robuste.
2. Des feuilles brunes jonchent le sol mouillé.
3. Les pêcheurs déchargent de lourds casiers de poissons frétillants.
4. Les pains dorés et craquants sont très appétissants.

- L'adjectif épithète **suit** le nom, mais il peut aussi le **précéder**.
- Certains adjectifs ont un sens **différent** selon qu'ils sont placés **avant** ou **après** le nom.
un homme grand • un grand homme

3 ** **Remplacez l'adjectif épithète par un adjectif ou une expression synonyme.**

un petit enfant : .... • un enfant petit : ....

un bon médecin : .... • un médecin bon : ....

- Le complément du nom (CDN) complète un nom dont il est une **expansion**. Il suit toujours le nom et il est généralement relié à lui par une **préposition**. *les rues de la ville • une bague en or.*

4 * **Surlignez les CDN des noms en gras. Entourez les prépositions.**

1. Les **parents** de Lucas lui affirment que la **planche** à roulettes n'est pas la meilleure **façon** de se rendre au collège. • 2. Parmi les **élèves** de ma classe, certains vont au **club** de théâtre où ils répètent une **pièce** de Molière. • 3. On trouve des **maisons** aux toits d'ardoise dans la région.

5 ** **Parmi les mots soulignés, certains sont des compléments du nom. Entourez-les.**

1. Les vacances à la montagne ont donné de l'appétit aux enfants. • 2. Mes exercices à la maison sont toujours mieux réussis que les contrôles faits au collège. • 3. Une fenêtre sur cour offre un maigre éclairage à la chambre.

- Le complément du nom peut être un **nom**, un **GN**, un **pronom**, un **infinitif**, un **groupe infinitif**, un **adverbe**.

6 ** **Soulignez les CDN et indiquez leur nature.**

1. L'abus de soleil peut provoquer de graves problèmes. ....
2. Ce n'est pas le moment de flâner devant les magasins. ....
3. Un message de toi lui ferait plaisir. ....

- Le CDN apporte un **complément d'information sur le nom** : la possession, la matière, le temps, le lieu…

7 * **Indiquez quelle sorte d'information les CDN soulignés apportent sur le nom.**

1. Les vacances de printemps sont souvent les plus appréciées. ....
2. On a trouvé des objets en terre cuite datant de plusieurs siècles. ....
3. Son rêve est de vivre dans un village de montagne. ....
4. La chambre de mon grand frère est un vrai capharnaüm. ....

J'utilise ce que j'ai appris…

POUR LIRE **8** *(Buck, le héros du roman, est un chien.)*

Buck vivait dans une grande **maison** de la **vallée** ensoleillée de Santa Clara. La **propriété** du juge Miller, c'est ainsi qu'on l'appelait. Elle était située à l'écart de la route, à demi cachée par un rideau d'arbres laissant entrevoir la large et fraîche **véranda** qui en faisait tout le tour. On approchait de cette maison par des allées couvertes de gravier qui serpentaient au milieu de vastes **pelouses** et qu'ombrageaient les **branches** entrecroisées de hauts peupliers.

Jack LONDON, *L'Appel de la forêt*, © Phébus, Paris, 2003 pour la traduction française.

Relevez les épithètes et les CDN de chaque nom en gras. Soulignez les épithètes.

maison : ....

vallée : .... propriété : ....

véranda : .... pelouses : ....

branches : ....

1 point par réponse juste ■ Ma note : .... / 10

POUR DIRE **9** [par groupes de trois ou quatre] **a. Inventez une phrase contenant deux noms, sans aucune expansion. b. Chacun(e) propose cette phrase enrichie d'épithètes et de CDN. c. Chaque groupe lit les phrases à la classe.**

POUR ÉCRIRE **10** **Enrichissez les noms soulignés des phrases suivantes en les complétant avec des CDN.**

1. Dans le musée, des objets ornent les vitrines et attirent les regards.
2. Les animaux enfermés dans les cages ne me semblent pas heureux.

8 La subordonnée relative

d'autres exercices numériques
bordas.media/733822_018

Mon objectif : comprendre la formation et le fonctionnement de la subordonnée relative

J'observe et je réfléchis

1 *(Pour s'évader du château d'If, Edmond Dantès a pris la place d'un mort.)*
Dantès se sentit lancé dans un vide énorme, traversant les airs comme un oiseau blessé, tombant, tombant toujours avec une épouvante **qui** lui glaçait le sang. Enfin, avec un bruit épouvantable, il entra comme une flèche dans une eau glacée, **qui** lui fit pousser un cri, étouffé aussitôt par l'immersion. Dantès avait été lancé dans la mer au fond de **laquelle** l'entraînait un boulet de trente-six attaché à ses pieds.

Alexandre Dumas, *Le Comte de Monte-Cristo*, 1844.

a. **Soulignez les propositions subordonnées introduites par les pronoms relatifs en gras.**

b. **Entourez les trois noms qui sont complétés par ces subordonnées.**

c. **Par rapport aux subordonnées, ces noms se situent : avant ☐ ; après ☐**

J'apprends et je m'exerce

- La **subordonnée relative** est une **expansion du nom**. Elle fait donc partie d'un GN.
Le nom qu'elle complète est l'**antécédent**. Celui-ci est toujours placé **avant** elle.
Il possède un objet [auquel il est très attaché].
antécédent — subordonnée relative

2 * **Soulignez les subordonnées relatives et entourez leurs antécédents.**

1. Tu as eu une idée que je trouve géniale.
2. Le professeur de géographie nous rend le contrôle que nous avons fait lundi.
3. L'oiseau cherche un endroit où il construira son nid.
4. Le train qui part est celui que je devais prendre.

- La subordonnée relative est introduite par un **pronom relatif simple** (*qui, que, quoi, dont, où*) ou **composé** (*lequel, laquelle, lesquels, lesquelles, auquel, auxquels, duquel...*).
- Le pronom relatif représente l'**antécédent** dont il a le **genre** et le **nombre**.
Les amies [auxquelles elle a écrit] lui ont toutes répondu.

3 * **Dans les phrases suivantes, surlignez les subordonnées relatives et entourez l'antécédent.**

Qui, que, où... ne sont pas toujours des pronoms relatifs. Une relative a un **antécédent**.

1. Le roman dont tu me parles a été adapté pour le cinéma.
2. Edmond Dantès, qui est la victime d'un complot, cherche à se venger.
3. Il se demande qui pourra l'aider à quitter le château d'If où il est enfermé.
4. Je ne sais plus où j'ai rangé le jeu que je comptais te prêter.

4 ** **Complétez ces phrases avec les pronoms relatifs qui conviennent.**

1. Le sommet .... nous atteindrons est à plus de 2 000 mètres.
2. Essaie de te souvenir de tous les événements .... tu as été le témoin.
3. Les berges, le long .... Line se promène, sont ombragées de tilleuls.
4. C'était encore l'époque .... les ordinateurs n'existaient pas.
5. Fais la liste des amis .... tu dois envoyer une invitation.

- La **fonction** de la subordonnée relative est **complément de son antécédent**. Celui-ci peut être un nom ou un pronom. *Les romans de science-fiction sont ceux [qu'elle préfère].*
  C. de l'antécédent *ceux*

La relative peut se trouver **au milieu** de la proposition principale.

5 * **Surlignez les subordonnées relatives et donnez leur fonction.**

1. Nous suivons un chemin qui mène à la ferme. ....
2. Les livres que j'ai lus cette année sont sur cette étagère. ....
3. Toi qui as une belle voix, chante-nous cette chanson. ....

- Le **pronom relatif** a sa **fonction** à l'intérieur de la **subordonnée relative**.
  Il peut être sujet du verbe, COD, COI, CDN…
  L'animal [qui figure sur cette photo] est un lémurien. → *qui* : sujet de *figure*.

6 ** **Surlignez les pronoms relatifs puis donnez leur fonction, en procédant ainsi :**
Exemple : Je te rapporte le livre que tu as oublié. → *que* = *le livre* ;
le livre est COD de *as oublié* → *que* : COD de *as oublié*.

1. La pluie qui tombe me rend mélancolique. ....
2. Pauline accueille les amis qu'elle a invités. ....

J'utilise ce que j'ai appris...

POUR LIRE 7 *(Fabrice Del Dongo s'évade de la tour Farnèse où il est retenu prisonnier.)*

Il attacha à son lit la petite corde destinée à lui faire descendre les trente-cinq pieds qui le séparaient de la plate-forme où était le palais.

Il arriva sans encombre sur le toit du corps de garde occupé depuis la veille par les deux cents hommes de renfort dont nous avons parlé.

STENDHAL, *La Chartreuse de Parme*, 1839.

a. Relevez les trois GN qui contiennent une subordonnée relative. Soulignez les relatives. Entourez le nom qu'elles complètent. .... /6

....

....

....

b. Relevez les pronoms relatifs : sujet ...., COI ...., C. de lieu .... /3

c. Quelle est la fonction commune aux subordonnées relatives ? .... /1

....

Ma note : .... / 10

POUR DIRE 8 [en deux groupes] **Les élèves de chaque groupe formulent des questions sur ces modèles : *Qui est (était)... ?* ou *Qu'est-ce qu'un(e)... ?* Ceux de l'autre groupe répondent en employant une subordonnée relative.**

POUR ÉCRIRE 9 **Imaginez un personnage qui, comme Fabrice Del Dongo (texte de l'exercice 7), s'enfuit de l'endroit où il est retenu prisonnier. Dans votre récit, vous utiliserez les pronoms relatifs *que* et *dont*. Vous soulignerez les subordonnées relatives et entourerez leur antécédent.**

9 Le sujet et l'attribut du sujet

d'autres exercices numériques
bordas.media/733822_020

Mon objectif : identifier le sujet et l'attribut du sujet ; comprendre leur fonctionnement

J'observe et je réfléchis

1 Derrière une montagne surgissaient d'autres montagnes, et se dressait une île toute noire et de forme pyramidale. Sur la gauche, à l'extrémité du golfe, des tas de sable semblaient **de grandes vagues blondes arrêtées**, tandis que la mer, plate comme un dallage de lapis-lazuli*, montait insensiblement jusqu'au bord du ciel.

Gustave FLAUBERT, *Salammbô*, 1862.

***Lapis-lazuli** : pierre d'un bleu intense.

a. Entourez les verbes et soulignez leur sujet. Quels sujets se trouvent après le verbe ?

....

b. Pourriez-vous supprimer le GN en gras ? .... **De quel GN exprime-t-il une caractéristique ?** .... **Quel verbe sépare les deux GN ?** ....

J'apprends et je m'exerce

- Le **sujet** est l'être ou la chose dont on parle dans la phrase. Il détermine la terminaison du verbe qui **s'accorde** avec lui.
- Le sujet **précède** généralement le verbe, mais il arrive qu'il le **suive**. C'est le **sujet inversé**.
- Le sujet a des **natures variées** : nom, GN, pronom, infinitif, groupe infinitif, proposition subordonnée.

2 ✱ **Soulignez le sujet des verbes en gras et associez-le à sa nature.**

Pour trouver le **sujet**, on pose la question *Qui (Qu') est-ce qui ?* suivie du verbe.

1. Ta rédaction est longue, mais elle **est** intéressante. •
2. Courir me **fatigue**. •
3. Bien se concentrer avant l'effort **est** important. •
4. Qu'ils soient en retard nous **inquiète**. •
5. Sans doute **serons**-nous en retard. •
6. La boulangerie **ferme** à 19 h. •
7. Nicolas **est** absent depuis lundi. •

• nom
• GN
• pronom
• infinitif
• groupe infinitif
• subordonnée

- L'**attribut du sujet** est un mot ou un groupe de mots qui exprime une caractéristique attribuée au sujet par l'intermédiaire d'un **verbe**.
  Le ciel est clair → *clair* : attribut du sujet *ciel*.
- L'attribut du sujet a des **natures variées** : adjectif, participe, nom, GN, pronom, infinitif, groupe infinitif, proposition subordonnée.

3 ✱ **Soulignez les sujets d'un trait et soulignez les attributs de deux traits.**

1. Un loir est un petit rongeur. • 2. Tout cela me paraît parfait. • 3. Le chat de ma sœur s'appelle Merlin. • 4. Capucine sera médecin plus tard. • 5. Thibaut est tombé malade. • 6. Êtes-vous satisfait ? Oui, je le suis.

On peut relever un **verbe** entre l'adjectif attribut et le nom auquel il se rapporte.

4 **Parmi les adjectifs de ces phrases, entourez les épithètes et soulignez les attributs du sujet.**

1. La route large et carrossable était maintenant impraticable. • 2. Il est devenu célèbre, mais il reste très simple. • 3. Ce gros livre est intéressant mais un peu difficile. • 4. La montagne imposante semble infranchissable. • 5. Cette petite route est plus longue, mais elle est plus agréable.

5 **Soulignez les attributs du sujet et donnez leur nature.**

1. Le trajet que vous devrez faire sera compliqué. ....
2. Jérôme passe pour un grand expert en informatique. ....
3. L'essentiel est que vous alliez bien. ....
4. Son rêve est de partir à l'aventure. ....

• Verbes qui introduisent un **attribut du sujet** :
– le plus souvent, des **verbes d'état** : *être, sembler, paraître, devenir, rester*
(mais ces verbes ne sont pas toujours suivis d'un attribut) ;
– parfois, d'**autres verbes** : *avoir l'air, passer pour, être considéré(e) comme, s'appeler...*

6 **Soulignez les attributs du sujet. Toutes les phrases n'en contiennent pas.**

1. Votre projet me paraît intéressant. • 2. Ma revue préférée paraît le mardi. • 3. Il est rentré très déçu de son match. • 4. Où sont les enfants ? Ils sont dans leur chambre. • 5. Il passe pour le plus grand joueur d'échecs de sa génération. • 6. Tu ne seras jamais un professionnel, tu resteras toujours un amateur. • 7. Nous sommes restés trois jours sans électricité.

J'utilise ce que j'ai appris...

POUR LIRE **7** J'avais pensé que notre connaissance des lieux serait suffisante pour nous guider par la vue d'un seul arbre, d'un seul bloc de rocher, d'un seul buisson. Mais la brume n'était pas seulement un rideau qui estompe les formes : parce qu'elle n'était pas homogène, elle les transformait. Elle nous laissait voir le fantôme d'un petit pin tordu, mais elle effaçait entièrement la silhouette d'un grand chêne.

Marcel PAGNOL, *Le Château de ma mère*,
coll. « Fortunio », éd. de Fallois, © Marcel Pagnol, 2004.

a. **Entourez les verbes conjugués et soulignez leur sujet.** ..../4
b. **Relevez les attributs du sujet et indiquez leur nature.** ..../6

....

....

Ma note : ..../ 10

POUR DIRE **8** **Proposez chacun(e) une définition grammaticale composée d'un sujet, d'un verbe d'état et d'un attribut du sujet. Par exemple :** ***Un déterminant est...***

POUR ÉCRIRE **9** **Vous revenez dans un lieu que vous n'avez pas vu depuis longtemps, et tout vous semble transformé. Vous écrirez une dizaine de lignes dans lesquelles vous utiliserez les verbes** ***être, sembler, devenir, paraître,*** **ainsi que de nombreux attributs du sujet. Employez au moins un sujet inversé que vous soulignerez.**

10 Les compléments d'objet

d'autres exercices numériques
bordas.media/733822_022

Mon objectif : identifier les compléments d'objet ; distinguer les COD et les COI

J'observe et je réfléchis

1 Je compris que l'île était déserte ; seules des bêtes sauvages l'occupaient. Je pouvais les entendre et je voyais quantité d'oiseaux.

D'après Daniel DEFOE.

a. **Entourez les verbes complétés par les mots soulignés.**

b. **Ces compléments soulignés peuvent-ils être supprimés ?** oui ☐ non ☑

c. **Précisez sous chaque complément sa nature : groupe nominal, pronom, groupe infinitif, proposition subordonnée.**

J'apprends et je m'exerce

- Un **verbe** peut être **complété** par :
  – un **complément d'objet de construction directe**, le **COD**.
  Nous ramassons des châtaignes. Nous les mangerons.
  – un **complément d'objet de construction indirecte**, introduit par une **préposition**, le **COI**.
  Ce chien appartient à mon voisin.

2 * **Soulignez le complément d'objet des verbes en gras. S'il est construit avec une préposition, entourez-la.**

On peut remplacer un **CO** par *(à, de) quelqu'un* ou *(à, de) quelque chose.*

1. La tempête **a déraciné** deux arbres. • 2. Adèle **adore** chanter.
3. Je **pense** que tu as raison. • 4. **Profitez** bien de vos vacances.
5. J'**ai pris** ma raquette de tennis ; **as**-tu la tienne ? • 6. À qui **téléphones**-tu ?
7. On **attend** depuis plusieurs jours l'arrivée du bateau.
8. Zélio **rêve** d'aller en Espagne.

- Certains verbes sont construits avec **deux compléments** : un COD et un COI.
  J'ai rendu son livre à Sofia.

3 * **Soulignez les deux compléments d'objet de chaque verbe. Entourez les prépositions.**

1. Sam a **offert** des chocolats à son grand-père.
2. Sophie **enseigne** la danse à des enfants. • 3. Léa **donne** un conseil à sa voisine.
4. Ils **ont prévenu** leurs amis de leur retard. • 5. Je **préfère** le printemps à l'hiver.

4 ** **Complétez les verbes soulignés avec un COD et un COI.**

1. Fred a annoncé …………………………………………… .
2. Tu dois rendre …………………………………………… .
3. Le commerçant propose …………………………………………… .

5 ** **Indiquez la fonction des GN soulignés.**

Ne confondez pas les **COD** avec des sujets inversés ou des attributs du sujet.

1. Tu es devenu un élève studieux. ……………………………………………
2. Amina ressemble à son frère. ……………………………………………
3. De quoi se nourrissent les rhinocéros ? ……………………………………………

- Les compléments d'objet **suivent** généralement le **verbe**, mais ils le **précèdent** lorsqu'ils sont des **pronoms** personnels ou relatifs, ou bien lorsque la phrase est **interrogative**.
Je les vois. Les vois-tu ?
- Les pronoms personnels COI s'emploient généralement **sans** préposition.
Lui ressembles-tu ? (= *Est-ce que tu ressembles à ta sœur ?*)

6 * **Réécrivez ces phrases en remplaçant les mots soulignés par un pronom.**

1. Le chien obéit à son maître. ....
2. Quel dessinateur de BD préfères-tu ? ....
3. Lola a raconté son voyage à ses amis. ....

- Le COD et le COI ont des **natures variées** : nom, groupe nominal, pronom, infinitif, groupe infinitif, proposition subordonnée.

7 ** **Soulignez les compléments d'objet des verbes en gras. Donnez leur nature.**

1. Arthur nous **a invités** à participer au tournoi. (..........) (..........)
2. Robinson **espère** que l'île est habitée. (..........)
3. Le jeune écuyer **doute** de lui. (..........)
4. Nadia **apprend** à ses amis qu'elle donne des concerts.
(..........) (..........)
5. Quel sport **pratiques**-tu ? (..........)
6. Depuis qu'il est petit, Lucas **aime** rire et danser. (..........)
7. Tara **ressemble** à son frère. (..........)
8. **Préfères**-tu aller au cinéma ou voir un match de foot ? (..........)

J'utilise ce que j'ai appris...

POUR LIRE **8** L'écuyer se réjouit d'assister à l'événement ; il tient respectueusement l'épée et la donne à son chevalier. Le jeune homme est ambitieux, il rêve d'accomplir des exploits et admire le chevalier qui lui a parlé de ses aventures.

Relevez les compléments d'objet des verbes soulignés.

se réjouit : .... assister : ....
tient : .... donne : ....
rêve : .... accomplir : ....
admire : .... a parlé : ....

1 point par réponse juste ■ Ma note : .... / 10

POUR DIRE **9** **Chaque élève propose une phrase avec un de ces verbes, accompagné d'un ou plusieurs compléments : *connaître, ressembler, demander, prendre, trouver, appartenir, se plaindre, profiter, approuver, obtenir, emprunter.***

POUR ÉCRIRE **10** **Vous participez à une fête où chacun(e) fait des cadeaux aux trois ami(e)s qui invitent. Racontez, en utilisant au moins six de ces verbes : *offrir, admirer, éblouir, participer, proposer, apporter, montrer, remercier, servir, distribuer.***

11

Les compléments circonstanciels de temps, lieu, moyen, manière

d'autres exercices numériques
bordas.media/733822_024

Mon objectif : **revoir les compléments circonstanciels de temps et de lieu ; étudier ceux de moyen et de manière**

J'observe et je réfléchis

1 Il fallait franchir en cinq heures et demie la distance qui sépare Liverpool de Londres – chose très faisable quand la voie est libre **sur tout le parcours**. Mais il y eut des retards forcés, et, **quand le gentleman arriva à la gare**, neuf heures moins dix sonnaient **à toutes les horloges de Londres**.

Jules VERNE, *Le Tour du monde en 80 jours*, 1872.

a. **Les groupes de mots soulignés peuvent-ils être supprimés ?** ....

Donnez leur fonction. Liverpool : .... de Londres : ....

Neuf heures moins dix : ....

b. **Les groupes de mots en gras peuvent-ils être supprimés ?** ....

c. **Quelles circonstances expriment-ils ?** ....

J'apprends et je m'exerce

- Les **compléments circonstanciels** complètent la **phrase** dans son ensemble.
  Ils expriment les **circonstances** (lieu, temps, moyen, manière, cause, conséquence…) d'une action.
- Le plus souvent, ils peuvent être **supprimés** ou **déplacés**.

Une indication de temps n'est pas nécessairement un **CCT**.

2 * **Surlignez l'intrus et justifiez votre réponse.**

1. Je viendrai demain. • 2. Je t'accompagne jusqu'au coin de la rue.
3. La chouette dort le jour. • 4. J'aime beaucoup la nuit.

....

- Les **compléments circonstanciels de temps** (CC de temps) peuvent exprimer :
  – un **moment précis** : *La neige est tombée en abondance hier.* **Quand ?**
  – une **durée** : *Ils ont fait le tour du monde en 80 jours.* **Pendant combien de temps ?**
  – une **fréquence** : *La librairie est fermée tous les lundis.* **À quelle fréquence ?**
- Les **compléments circonstanciels de lieu** (CC de lieu) permettent de situer dans l'espace des objets, des personnes, des actions…. **Où ? D'où ? Par où ?**

3 * **Soulignez les CC de temps et associez-les à la notion exprimée.**

1. Il a neigé toute la semaine. •
2. La semaine dernière, nous sommes allés patiner. •
3. Je fais du judo trois fois par semaine. •
4. À midi, nous marquerons une minute de silence. •

• moment précis
• durée
• fréquence

4 ** **Soulignez les CC de temps et entourez les CC de lieu.**

1. Demain, nous passerons l'après-midi à la patinoire. • 2. Quand vous serez prêts, faites-moi signe. • 3. Au Japon, les cerisiers qui fleurissent au printemps sont magnifiques. • 4. Cette plante doit être arrosée tous les trois jours. • 5. L'été prochain, nous découvrirons Venise.

- Les **compléments circonstanciels de manière** (CC de manière) expriment la **façon** dont une action est accomplie. *Il dessine avec application.* **De quelle manière ?**
- Les **compléments circonstanciels de moyen** (CC de moyen) précisent par quel **objet**, instrument ou moyen de transport l'action est accomplie.
Il dessine avec un fusain. **Au moyen de quoi ?**

5 * **Soulignez d'un trait les CC de manière et de deux traits les CC de moyen.**

1. Tu pourras facilement réussir cet exercice.
2. Nous irons à Venise en train couchettes.
3. Avec cette scie, vous pouvez découper avec précision tous les bois.
4. Elle fait des portraits à l'aquarelle.
5. Cette nappe a été minutieusement brodée à la main.

- Les **compléments circonstanciels** peuvent être un nom, un GN, un pronom, un infinitif, un groupe infinitif, un adverbe, une subordonnée.

6 * **Soulignez les compléments circonstanciels et associez-les à leur nature.**

1. Nous jonglons avec des assiettes. •
2. Pierre n'est pas venu ici. •
3. Essuyez vos pieds avant d'entrer. •
4. Je t'aide quand tu le souhaites. •
5. Viens jusqu'à moi. •
6. Il mange bruyamment. •

- • nom ou GN
- • pronom
- • adverbe
- • infinitif
- • subordonnée

J'utilise ce que j'ai appris...

POUR LIRE **7** *(Le narrateur, le jeune Indien Chactas, et la jeune Indienne Atala ont fui dans la forêt.)*
Quand nous rencontrions un fleuve, nous le passions sur un radeau ou à la nage. Atala appuyait une de ses mains sur mon épaule, et, comme deux cygnes voyageurs, nous traversions ces ondes solitaires. Souvent, dans les grandes chaleurs du jour, nous cherchions un abri sous les mousses des cèdres.

François-René DE CHATEAUBRIAND, *Atala*, 1801.

Donnez la nature et la fonction des mots ou groupes de mots soulignés.

Quand nous rencontrions un fleuve : ....

- à la nage : .... • sur mon épaule : ....
- Souvent : .... • sous les mousses des cèdres : ....

1 point par réponse juste ■ Ma note : .... / 10

POUR DIRE **8** **Voici une phrase : *Les trois camarades se mirent en route.***
Proposez chacun(e) un complément circonstanciel (de temps, lieu, moyen ou manière) qui pourrait préciser cette phrase.

POUR ÉCRIRE **9** **Écrivez la suite du texte de Chateaubriand en évoquant le paysage et le voyage des deux personnages. Vous utiliserez deux CC de lieu, deux CC de temps, un CC de moyen et un CC de manière.**

12 Les compléments circonstanciels de cause et de but

d'autres exercices numériques
bordas.media/733822_026

Mon objectif : **revoir les compléments circonstanciels de cause ; étudier ceux de but**

J'observe et je réfléchis

1 Au milieu du lac, Arthur vit un bras dressé dont la main brandissait une épée magnifique. Il vit aussi une demoiselle qui marchait sur le lac. « C'est la Dame du Lac, dit Merlin, elle vient vers vous. Parlez-lui courtoisement pour qu'elle vous donne cette épée. »
« Demoiselle, dit Arthur, je voudrais bien posséder cette épée, parce que je n'en ai point. Grâce à elle, je pourrais accomplir des exploits. »

D'après la légende d'Excalibur.

a. **Quels groupes de mots soulignés expriment la cause d'un fait ?**

....

b. **Surlignez celui qui exprime un objectif, un but à atteindre.**

J'apprends et je m'exerce

- Le **complément circonstanciel de cause** (CC de cause) indique la cause, l'origine d'un fait. Il répond à la question : **Pour quelle raison ?**
On ne voit rien à cause du brouillard. → Le brouillard est à l'origine du manque de visibilité.

2 * **Dans chaque phrase, soulignez le complément circonstanciel de cause.**

1. La station de ski est fermée à cause du manque de neige.
2. Grâce à ses bons résultats, notre équipe sera en demi-finale.
3. Je ne t'ai pas rendu visite par manque de temps.
4. En raison de son succès, la pièce restera à l'affiche.

- Le complément circonstanciel de cause peut être :
– un **nom**, un **GN**, ou un **pronom** introduit par *à cause de, en raison de, grâce à, pour, par...*
– un **infinitif** ou un **groupe infinitif** introduit par *pour, à force de, faute de...*
– une **subordonnée conjonctive** introduite par *parce que, puisque, comme...*

3 * **Complétez ces phrases avec une préposition choisie dans l'encadré ci-dessus. Soulignez les CC de cause.**

1. Nous ne pourrons pas participer à la compétition .... votre erreur.
2. .... gel, la récolte a été mauvaise.
3. Nous les avons remerciés .... leur aide.
4. .... s'entraîner, il a beaucoup progressé.

4 ** **Soulignez les CC de cause. Indiquez leur nature. Entourez ce qui les introduit.**

1. Je me suis trompé à cause de toi. ....
2. Nous n'avons pas pu entrer, faute d'avoir la bonne clé. ....
3. Grâce à sa présence d'esprit, le pire a pu être évité. ....
4. Puisqu'il est tôt, promenons-nous encore un peu. ....

- Le **complément circonstanciel de but** (CC de but) indique un **objectif** que l'on cherche à atteindre. Il répond à la question : **Dans quel but ?**
*Nous confectionnons des costumes **pour la représentation théâtrale**.*

5 * **Soulignez les deux CC de but.**

1. Je fais un gâteau pour mes parents. • 2. Marie a reçu une coupe pour avoir remporté la course. • 3. Maxime s'entraîne avec acharnement pour remporter la course. • 4. Je me dépêche de me préparer afin de vous rejoindre.

- Le **complément circonstanciel de but** peut être :
– un **groupe nominal** introduit par *pour, en vue de, de peur de...*
– un **infinitif** ou un **groupe infinitif** introduit par *pour, afin de, en vue de...*
– une **subordonnée conjonctive** introduite par *pour que, afin que...*

6 * **Soulignez les CC de but et indiquez leur nature. Entourez ce qui les introduit.**

1. Je fais des révisions en vue du contrôle d'histoire de jeudi. ....
2. Un électricien est venu pour installer des prises. ....
3. Les barbecues sont interdits de peur de nouveaux incendies. ....
4. On construit un puits afin que la population ait de l'eau. ....

7 ** **Voici deux faits. Réunissez-les dans une phrase contenant un GN CC de but.**

entraînement intensif / médaille aux Jeux olympiques

....

....

J'utilise ce que j'ai appris...

POUR LIRE **8** En raison d'un éboulement, une lourde pierre obstruait la sortie de la grotte interdite. Ils eurent beau joindre leurs efforts pour la déplacer, elle ne bougeait pas d'un pouce. Ils finirent par se tenir immobiles, de peur de provoquer un autre éboulement. À cause de leur imprudence, ils étaient prisonniers de la grotte.

a. Relevez les CC de cause. Indiquez leur nature. .... /4

....

b. Soulignez les CC de but. Indiquez leur nature. .... /4

....

....

Surlignez ce qui les introduit. .... /2

Ma note : .... / 10

POUR DIRE **9** **Imaginez l'épisode qui a précédé ce qui est raconté ci-dessus. Utilisez au moins un CC de cause et un CC de but.**

POUR ÉCRIRE **10** **Imaginez et racontez comment les personnages du texte ci-dessus seront libérés. Vous leur donnerez un prénom et vous suggérerez leur caractère. Utilisez au moins deux CC de cause et deux CC de but.**

13

Évaluation

La nature et la fonction des mots

Mon objectif : **évaluer mes connaissances sur les différentes natures et fonctions**

Je récapitule mes connaissances

1 Je range les mots soulignés à côté de leur nature.

(Un requin.) On voyait ses nageoires, grises à leur extrémité, et noires à leur base, battre les flots avec violence, tandis que son appendice caudal le maintenait dans une ligne rigoureusement droite.

Jules Verne, *Les Enfants du capitaine Grant*, 1868.

les mots variables	les mots invariables
Les noms	Les prépositions ....
Les déterminants	Les conjonctions de coordination ....
Les verbes	Les conjonctions de subordination ....
Les adjectifs	Les adverbes ....
Les pronoms	

2 J'écris une phrase pour chaque fonction. Je souligne les mots correspondant à la fonction.

sujet	épithète
....	....

attribut du sujet	complément du nom
....	....

complément d'objet	complément circonstanciel
COD	CC de cause ....
COI	CC de but ....

Je teste mes connaissances

3 J'indique la nature et la fonction des mots en gras.

Les chevaliers sont assis sur de **blanches** étoffes **de soie**. **Pour se divertir**, les plus sages et les vieux jouent **aux échecs**, les jeunes, agiles, font de l'escrime. Sous un pin, près d'un églantier, on a dressé un trône d'or pur : là est assis **le roi qui gouverne la douce France**.

La Chanson de Roland, fin du XIe s.

blanches : .... de soie : ....

Pour se divertir : ....

aux échecs : ....

le roi qui gouverne la douce France : ....

1 point par réponse juste ■ Ma note : ..../ 10

J'applique mes connaissances...

POUR LIRE 4

(Une laitière imagine ce qu'elle fera avec l'argent de la vente d'un pot de lait.)

Il m'est, disait-**elle**, facile
D'élever des poulets **autour de ma maison** :
Le Renard sera bien **habile**,
S'il ne m'en laisse assez pour avoir un cochon.
Le porc à s'engraisser coûtera peu de son ;
Il était, quand je l'eus, de grosseur **raisonnable** ;
J'aurai, le revendant, **de l'argent bel et bon**.
Et qui **m'**empêchera de mettre en notre étable,
Vu le prix dont il est, une vache et son veau,
Que je verrai sauter au milieu du troupeau ?

LA FONTAINE, *La Laitière et le pot au lait* (extrait), 1678.

1. **Soulignez les pronoms personnels qui remplacent le GN *Le porc*.** 4 points

2. **Relevez deux GN, puis deux adjectifs, reliés par une conjonction de coordination.** 2 points

.... / ....

3. **Relevez deux emplois du mot *son* dans le texte, avec des natures différentes. Précisez chaque fois de quelle nature il s'agit.** 2 points

....

....

4. **Donnez la fonction complète des mots et groupes de mots en gras.** 12 points

elle : ....

autour de ma maison : ....

habile : ....

raisonnable : ....

de l'argent bel et bon : ....

m' : ....

Ma note : .... / 20

POUR DIRE 5 **Racontez, en la développant un peu, l'histoire de Perrette, la laitière de la fable, sous forme d'un récit au passé et à la troisième personne.**

Évaluation collective : **10 points** : conformité avec la fable
10 points : qualité du récit et correction grammaticale des phrases

Notre note : .... / 20

POUR ÉCRIRE 6 **Comme Perrette, dans la fable ci-dessus, vous faites des projets ou vous prenez de bonnes résolutions. Présentez-les en un paragraphe d'une dizaine de lignes.**

1. Choisissez entre : « vous faites des projets » et « vous prenez de bonnes résolutions ». Traitez le sujet choisi. 7 points
2. Rédigez à la première personne. 1 point
3. Utilisez une majorité de verbes au futur. 4 points
4. Vérifiez que vous avez varié et correctement employé les natures et les fonctions. 8 points

Ma note : .... / 20

Évaluation des compétences travaillées

➡ Analyser les constituants de la phrase simple, obligatoires ou non ➡ Identifier les groupes syntaxiques : classes de mots et fonctions	**Ma note globale : .... / 70** ■ Entre 0 et 17 : maîtrise insuffisante. ■ Entre 18 et 35 : maîtrise fragile. ■ Entre 36 et 53 : maîtrise satisfaisante. ■ Entre 54 et 70 : très bonne maîtrise.

Reportez les résultats de l'évaluation p. 128.

Arsène Lupin, le roi de l'évasion

Mon objectif : mettre en pratique mes connaissances d'orthographe grammaticale et lexicale

1. Je prépare la dictée

Orthographe grammaticale

1. Complétez ces phrases avec *a* (= *avait*), *à*, *ou* (= *ou bien*) et *où*.

.... va-t-il ? Il va .... la gare. Il .... un train .... dix heures .... onze heures.

2. Pour distinguer l'infinitif *-er* du participe passé *-é(e)*, *-é(e)s*, on remplace le mot par *faire*, *partir*, *prendre*... Complétez les mots en gras. Accordez le participe.

Si la porte est **ferm**............, tu n'as qu'à **sonn**............ Ne te laisse pas **impressionn**............

3. Les noms ne sont pas toujours précédés d'un déterminant qui indique leur nombre, et il est nécessaire de réfléchir. Complétez les terminaisons si nécessaire.

un sac de bille......... • un mur en terre......... • un recueil de poème......... • il est plein de projet.........

Conjugaison

4. Mettez les verbes à la 3e personne du singulier du passé simple.

avoir : il .... • être : il .... • faire : il .... • s'engager : il ....

Orthographe lexicale

5. Cherchez des mots de la famille de *goutte* et *goût*.

.... • ....

2. J'écris la dictée

....

....

....

....

....

....

....

....

....

Maurice Leblanc, *Les Confidences d'Arsène Lupin*, 1921.

3. Je corrige mes fautes

Distinguez les fautes d'**accord**, de **conjugaison** et d'orthographe d'**usage**.

....

....

....

....

....

....

J'évalue ma dictée

2 points par faute de grammaire ou de conjugaison, 1 point par faute d'usage, 0,5 point par faute de ponctuation, d'accent d'usage, de majuscule.

Ma note : .... /20

15

Méthode

Comment distinguer les différentes propositions ?

Mon objectif : reconnaître les différents constituants d'une phrase simple ou complexe ; identifier les catégories de propositions

- un **noyau verbal** → une **proposition** → phrase **simple**
- plusieurs **noyaux verbaux** → plusieurs **propositions** → phrase **complexe**

1. La proposition peut exister seule

→ C'est une **indépendante**.

Lisa chante. — indépendante (phrase simple)

Tu joues de la trompette. — indépendante (phrase simple)

- Mais une **indépendante** peut **s'associer** à une autre **indépendante**.

Lisa chante **et** *tu joues de la trompette.*
indépendante + indépendante (phrase complexe)

2. La proposition ne peut pas exister seule

→ C'est une **subordonnée**.

***parce que** tu chantes faux.*
cette proposition n'a aucun sens

- Elle est introduite par un **subordonnant** : *qui, que, quand, parce que, pour que…*
- Elle **dépend** d'une autre proposition qui lui donne son sens.

Je me bouche les oreilles ***parce que tu chantes faux****.*
subordonnée

3. La proposition est complétée par une ou plusieurs subordonnées

→ C'est une **principale**.

Je me bouche les oreilles *parce que tu chantes faux.*
principale — subordonnée

Je vérifie si j'ai compris

L'émotion était portée au comble. Tous les cœurs palpitaient, tandis que les canots s'avançaient vers le projectile. Les yeux ne voyaient plus. Un des hublots du projectile était ouvert. Quelques morceaux de vitre prouvaient qu'elle avait été cassée.

Jules VERNE, *Autour de la Lune*, 1870.

Je copie chaque proposition dans la colonne qui lui correspond.

indépendante	principale	subordonnée
....	....	....
....	....	....
....	....	....
....	....	....
....	....	....

En résumé

Quand une phrase comporte deux **verbes** conjugués, donc deux **propositions**, il s'agit de deux **indépendantes** ou d'une **principale** et de sa **subordonnée**.

Vérifiez que vous avez bien compris en complétant la fiche imprimable.

bordas.media/733822_031

16 La phrase simple et les types de phrase

Mon objectif : identifier les constituants de la phrase simple ; différencier les trois types de phrase

d'autres exercices numériques
bordas.media/733822_032

J'observe et je réfléchis

1 BOIS-D'ENGHIEN. – Enfin, c'est vous ! Tenez, entrez, belle-maman ; entrez, Viviane.

À ce moment on entend un brouhaha venant des étages supérieurs.

TOUS. – Qu'est-ce que c'est que ça ?

LE CONCIERGE. – Enfin, nous le tenons ! Nous avons dû faire une chasse à l'homme sur les toits.

Georges FEYDEAU, *Un fil à la patte*, 1894.

a. **Combien de verbes comptez-vous dans la 1re phrase ? ☐ dans la 2e phrase ? ☐**

b. **Soulignez la phrase qui contient des impératifs.**

c. **Quelle phrase pose une question ?** ....

d. **Entourez les phrases terminées par un point d'exclamation.**

J'apprends et je m'exerce

- Une phrase **simple** contient un **seul verbe** conjugué, donc une seule **proposition**.
  Léa fera un exposé demain.
- Une phrase **non verbale** ne contient **aucun** verbe conjugué. *À demain, Léa.*

La phrase non verbale dont le noyau est un nom est une **phrase nominale**.

2 ✱ *(Béralde propose à Argan de se faire nommer médecin.)*

BÉRALDE. – Voulez-vous que l'affaire se fasse tout à l'heure ?

ARGAN. – Comment, tout à l'heure ?

BÉRALDE. – Oui, et dans votre maison.

ARGAN. – Dans ma maison ?

BÉRALDE. – Oui. [...] Cela ne vous coûtera rien.

MOLIÈRE, *Le Malade imaginaire*, 1673.

a. **Entourez les verbes conjugués. Surlignez la phrase simple et soulignez les phrases non verbales.**

b. **Relevez les phrases nominales :** ....

....

- Constituants **obligatoires** d'une phrase simple : **sujet** (ce dont il est question : *Léa*) + **verbe** ou **groupe verbal** (ce que l'on dit du sujet : *fera un exposé*).
- Constituants **facultatifs** : **compléments circonstanciels** (*demain matin*).
  Léa fera un exposé demain matin.
  sujet + GV + CC de temps

3 ✱✱ **Dans les trois phrases simples, entourez le sujet, soulignez le groupe verbal, mettez le complément circonstanciel entre parenthèses.**

Parfois ils allaient en courses, ou encore ils prenaient soin du bateau. Ce jour-là, ils avaient entrepris de laver le pont. Gaspard les aida. La matinée était claire et joyeuse. Des paquebots blancs ou noirs sortaient des bassins et prenaient la direction du large.

André DHÔTEL, *Le Pays où l'on n'arrive jamais*, © Horay, 1955.

- La phrase de type **déclaratif** donne une **information** et se termine par un **point**. *Elle parle fort.*
- La phrase de type **interrogatif** (→ p. 34) pose une **question** et se termine par un **point d'interrogation**. *Parle-t-elle fort ?*
- La phrase de type **impératif** exprime un **ordre**, une interdiction, un conseil… et se termine par un **point** ou un **point d'exclamation**. *Tais-toi. Ne dis plus rien !*
- Son verbe est à l'**impératif**, à l'**infinitif** ou au **subjonctif**.
Ne faites pas de bruit. Ne pas faire de bruit. Qu'ils ne fassent pas de bruit !

4 * **Ponctuez correctement chaque phrase et indiquez à quel type elle appartient.**

1. Désirez-vous un paquet-cadeau ……. •
2. Arrose les jardinières pendant notre absence ……. •
3. Le chanteur sera en tournée du 2 au 28 octobre ……. •
4. Qu'il ne recommence jamais ……. •

- • type déclaratif
- • type impératif
- • type interrogatif
- • type impératif

5 ** a. **Indiquez si ces phrases expriment un ordre, un conseil, une interdiction, une invitation, ou un encouragement (à la 1re personne du pluriel).**

Le verbe d'une phrase impérative peut être à **l'infinitif**.

1. Surtout, n'écrivez pas sur les tables. ……………………
2. Entrez donc prendre un café. ……………………
3. Éteins la télévision. ……………………
4. Bien refermer après usage. ……………………
5. Faisons encore un petit effort. ……………………
6. Prendre garde au chien. ……………………

b. **Quel est le type commun à toutes ces phrases ?** ……………………

J'utilise ce que j'ai appris...

POUR LIRE **6** SCAPIN, *lui remettant la tête dans le sac.* Prenez garde, voici une demi-douzaine de soldats tout ensemble. (***Il contrefait plusieurs personnes ensemble.***) [« Allons, tâchons à trouver ce Géronte, cherchons partout.] N'épargnons point nos pas. Courons toute la ville. N'oublions aucun lieu. Visitons tout. Furetons de tous les côtés. Par où irons-nous ? Tournons par là. Non, par ici. À gauche. À droite. **Nenni.** »

MOLIÈRE, *Les Fourberies de Scapin*, 1671.

a. **Relevez quatre phrases non verbales :** …………………… …………………… ………… /4

b. **La phrase entre crochets est-elle une phrase simple ?** …………………… ………… /1

c. **À quel type appartient la phrase en gras ?** …………………… ………… /1

d. **Relevez la phrase interrogative.** …………………… ………… /1

e. **Quel type de phrase domine dans ce texte ?** …………………… ………… /1

f. **Qu'exprime l'impératif de ces verbes ?**
Prenez …………………… ***Courons*** …………………… ………… /2

Ma note : ………… / 10

POUR DIRE **7** [par groupes de deux] **Mettez au point un petit sketch humoristique, composé de phrases simples. Tous les types de phrase seront représentés.**

POUR ÉCRIRE **8** **Trois camarades préparent une surprise pour un anniversaire. Imaginez leur dialogue. Mettez entre crochets les phrases simples. Utilisez les trois types de phrase.**

17 Les formes de phrase : la phrase interrogative

+ d'autres exercices numériques
bordas.media/733822_034

Mon objectif : connaître la construction de la phrase interrogative ; savoir l'utiliser

J'observe et je réfléchis

1 *(Argan parle à sa fille Angélique d'un jeune homme qu'il compte lui donner en mariage.)*

ARGAN. – C'est un jeune garçon bien fait. [...] Et qui sera reçu médecin dans trois jours.
ANGÉLIQUE. – Lui, mon père ?
ARGAN. – Oui. Est-ce qu'il ne te l'a pas dit ?
ANGÉLIQUE. – Non, vraiment. Qui vous l'a dit à vous ?
ARGAN. – Monsieur Purgon.
ANGÉLIQUE. – Est-ce que monsieur Purgon le connaît ?

D'après MOLIÈRE, *Le Malade imaginaire*, 1673.

a. **Soulignez les phrases interrogatives. Soulignez 2 fois celles auxquelles on ne peut répondre que par *oui* ou *non*.**

b. **Relevez au moins deux indices qui permettent de reconnaître une phrase interrogative.**

....

J'apprends et je m'exerce

- L'**interrogation totale** porte sur la **totalité** de la phrase ; on peut y répondre par *oui* ou par *non*. *Viendras-tu avec nous à la piscine ? Oui / Non*
- L'**interrogation partielle** porte sur une **partie** de la phrase ; elle admet une infinité de réponses possibles. *« Où habites-tu ? » « À côté du marché / À Londres / Sur Mars... »*

2 * **Associez chacune de ces phrases à son type d'interrogation.**

Imaginez les **réponses** possibles pour distinguer l'interrogation totale de l'interrogation partielle.

1. Quand es-tu allé voir ce film ? •
2. Y a-t-il un médecin dans la salle ? •
3. Qui a fait construire le château de Versailles ? •
4. Ne trouvez-vous pas qu'elles se ressemblent ? •
5. Est-ce que ce chemin mène à la plage ? •
6. Que répondre ? •

• interrogation totale
• interrogation partielle

- L'**interrogation partielle** est introduite par un **mot interrogatif** : **pronom interrogatif** (*qui, que, quoi, lequel, laquelle*...), **déterminant interrogatif** (*quel, quels, quelle*...) ou **adverbe interrogatif** (*quand, où, comment, combien, pourquoi*). *Qui a téléphoné ? Quand reviendrez-vous ? Comment faire ?*

3 * **Complétez ces phrases avec le mot interrogatif qui convient.**

1. .... irez-vous en vacances cet été ? • **2.** .... poème allez-vous réciter ? • **3.** .... de ces deux vélos utilisez-vous habituellement ? • **4.** .... ce téléphone ne fonctionne-t-il plus ? • **5.** .... allez-vous ? • **6.** .... a touché à mes affaires sur mon bureau ? • **7.** .... heure part votre train ? **8.** .... sports pratiquez-vous ?

- La construction de l'interrogation varie selon le **niveau de langue**.
Niveau soutenu → inversion du sujet : *Fera-t-il beau demain ?*
Niveau courant → locution « Est-ce que » : *Est-ce qu'il fera beau demain ?*
Niveau familier → phrase semblable à une phrase déclarative : *Il fera beau demain ?*
- Quand le verbe se termine par une voyelle, on intercale un « -t- » entre le verbe et le sujet inversé : *Que pense-t-il ? Que pensa-t-elle ?*

4 ** **Voici trois phrases déclaratives : *Les spectateurs étaient nombreux. Elle vous écrira. Pierre se repose.***
Transformez-les en phrases interrogatives, dans les trois niveaux de langue.

niveau soutenu	niveau courant	niveau familier
....	....	....
....	....	....
....	....	....

5 * **Réécrivez les phrases interrogatives en niveau soutenu.**

1. Tu es d'accord ? → ....
2. Nadia a oublié son sac de sport ? → ....
3. À qui tu as téléphoné ? → ....
4. Pourquoi Alix m'a raconté cette histoire ?
→ ....

J'utilise ce que j'ai appris…

POUR LIRE **6** **En utilisant les mots entre parenthèses, écrivez les interrogations partielles qui correspondent aux réponses proposées. Soulignez les mots interrogatifs que vous avez utilisés.**

1. (voie, part, train de 19 h 02) ....
→ Il part de la voie 6.
2. (réussir, compétition sportive) ....
→ On réussit en s'entraînant.
3. (allumez, des bougies) ....
→ Nous en allumons parce que l'électricité est en panne.
4. (préfères, paire de chaussures) ....
→ Je préfère cette paire-là.
5. (iras, Bretagne) .... → J'irai au mois de mai.

1 point par réponse juste ■ Ma note : .... / 10

POUR DIRE **7** [par groupes de deux] **L'interview : l'un(e) tient le rôle d'un(e) journaliste qui pose des questions variées et l'autre de la personne interrogée qui répond.**

POUR ÉCRIRE **8** **Un(e) collégien(ne) essaie de faire croire à un(e) camarade qu'il (elle) a été désigné(e) pour représenter le collège dans un concours national de chant. Alternez les questions et les réponses. Soulignez les interrogations totales.**

18 Les formes de phrase : affirmative, négative, exclamative, passive

d'autres exercices numériques
bordas.media/733822_036

Mon objectif : différencier les formes de phrase ; savoir les employer

J'observe et je réfléchis

1 1. Les randonneurs ont aperçu un loup.
2. Un loup a été aperçu par les randonneurs.
3. Les randonneurs n'ont pas aperçu de loup.
4. Les randonneurs ont aperçu un loup !

a. **Quelles phrases ont, globalement, le même sens ?** ....
b. **Quelle phrase a un sens contraire ?** ....
c. **Quelle phrase a pour sujet ce qui correspond au COD des trois autres ?** ....
d. **Quelle phrase exprime une émotion ?** ....

J'apprends et je m'exerce

- Une phrase qui ne contient pas de négation est une phrase de forme **affirmative**.
- Une phrase qui contient une négation (*ne, n'*...) est une phrase de forme **négative**.
Le devoir est facile. (phrase affirmative) *Le devoir n'est pas facile.* (phrase négative)

2 * **Mettez les phrases affirmatives à la forme négative et les phrases négatives à la forme affirmative. Soulignez les phrases négatives.**

1. Le train roule à grande vitesse. ....
2. Tu ne nous as pas convaincus. ....
3. La soirée leur a semblé longue. ....
4. Sont-ils arrivés ? ....
5. Ne le lui dis pas. ....

- Pour **exprimer la négation**, on utilise généralement l'adverbe *ne* (*n'*) associé à *pas, plus, guère, point, jamais* pour former une **locution adverbiale négative**.
L'adverbe *ne* peut être également associé à *personne, rien, aucun(e), nul(le)*.
Il n'a rien dit. Il n'a personne à qui parler. Elle n'a aucune raison de venir.
Elle n'a nulle envie de partir.

3 * **Soulignez les mots exprimant la négation. Réécrivez les phrases à la forme affirmative.**

1. Non, je n'irai pas au cinéma. Je n'en ai guère envie.
....
2. Ne revenez jamais plus ! ....
3. Non, vraiment, ce n'est pas facile. ....
4. Je n'ai ni chien ni chat. ....

4 ** **Répondez à ces questions par une phrase négative. Soulignez les locutions négatives.**

1. Voit-on quelque chose dans ce trou ? ....
2. As-tu rencontré quelqu'un ? ....
3. Reste-t-il encore du pain ? ....
4. Avez-vous déjà fini ? ....
5. Ont-ils déjà perdu un match ? ....

- Une phrase de **forme** passive a son verbe à la voix **passive** (→ p. 50).
  Des photos de l'événement ont été prises par mon cousin. Phrase de **forme passive**.
  Le **sujet** *Des photos de l'événement* **ne fait pas** l'action du verbe *prendre*.
  C'est le **complément** *par mon cousin* qui **fait l'action** de *prendre des photos*.
- Une phrase de **forme** active a le **même sens** que la phrase passive correspondante.
  Mon cousin a pris des photos de l'événement. Phrase de **forme active**.
  Le **sujet** *Mon cousin* **fait** l'action du verbe *prendre*.

5 ** **a. Mettez les phrases passives 1 et 2 à la forme active.**
b. Mettez les phrases actives 3 et 4 à la forme passive.

1. Le sommet est caché par les nuages. ....
2. Le lavoir a été restauré par des bénévoles. ....
3. Le conteur charme les enfants. ....
4. Mes parents m'ont félicitée. ....

- Une phrase de **forme** exclamative traduit un **sentiment fort**, une **sensation**, une **émotion** et se termine par un **point d'exclamation** : *C'est bizarre ! Comme elle parle fort !*

6 * **Réécrivez ces phrases en leur donnant une forme exclamative.**

1. Nous arrivons trop tard. ....
2. N'interviens pas. ....
3. Cet exercice est difficile. Que ....
4. Tu as grandi. Comme ....

J'utilise ce que j'ai appris...

POUR LIRE **7**

J'arrivais de la province où, sur dix personnes, cinq vous connaissent. Ici les gens roulent par centaines : j'aurais pu mourir sans être remarqué d'un passant !
Ce n'est même plus la bonhommie de la rue populeuse et vulgaire d'où je sortais. Sur ce boulevard, la foule se renouvelait sans cesse ; c'était le sang de Paris qui courait au cœur et j'étais perdu dans ce tourbillon comme un enfant de quatre ans abandonné sur une place.

Jules VALLÈS, *Le Bachelier*, 1881.

a. Soulignez la phrase à la forme négative et entourez les négations. ..../3

b. Relevez la proposition à la forme exclamative et indiquez comment vous l'avez reconnue. ..../4

....

....

c. Mettez la proposition soulignée à la forme passive. ..../3

....

Ma note : ..../ 10

POUR DIRE **8** **Un(e) élève formule une phrase simple affirmative contenant un sujet, un verbe et un COD. Il(elle) propose à des camarades de la mettre successivement aux formes négative, passive, exclamative.**

POUR ÉCRIRE **9** **Après avoir vu un spectacle, un film ou un match, vous notez vos remarques et vos impressions. Formulez des phrases de formes variées : affirmative, négative, active, passive, exclamative.**

19

La phrase complexe : juxtaposition et coordination

d'autres exercices numériques
bordas.media/733822_038

Mon objectif : comprendre les notions de juxtaposition et de coordination dans la phrase complexe

J'observe et je réfléchis

1 Les soldats dorment **et** se lèvent de bonne heure le lendemain. Le roi convoque ses barons pour leur dire : «Allons, vite ; il va falloir vous préparer **car** je veux chasser cette crapule de Renart». Ces mots provoquent une ruée générale et bruyante vers le château ; l'assaut est extraordinairement violent : jamais on n'en fit d'aussi dangereux.

Le Roman de Renart (1555), trad. Anne-Marie Cadot-Colin, © Le Livre de Poche Jeunesse, 2010.

a. Soulignez les verbes conjugués puis mettez les propositions entre crochets.

b. Quelle est la classe grammaticale des mots en rouge qui relient deux propositions ?

....

c. Entourez les points-virgules et les deux-points qui séparent des propositions.

J'apprends et je m'exerce

- Une phrase contient autant de **propositions** que de **verbes** conjugués.
- Une **phrase complexe** est constituée de **plusieurs** propositions.
  Elle joue de la clarinette et fait des claquettes.

2 * **a. Soulignez les verbes conjugués.**
b. Indiquez le nombre de propositions contenues dans chaque phrase.
c. Précisez s'il s'agit d'une phrase simple ou d'une phrase complexe.

1. Quel est son nom et où vit-il ? ☐ phrase ....
2. La guerre disparaîtra-t-elle un jour de la surface du globe ? ☐ phrase ....
3. J'ai vu passer un vol d'oies sauvages qui migraient vers le sud. ☐ phrase ....
4. Quand vous recevrez cette lettre, je serai loin. ☐ phrase ....
5. Avant de fondre sur sa proie, l'aigle tournoya longuement. ☐ phrase ....
6. Écoute, réfléchis, écris et relis-toi. ☐ phrase ....

- Une proposition **indépendante** ne dépend pas d'une autre proposition et aucune proposition ne dépend d'elle. *Le jour se lève. Chacun s'éveille et la maison s'anime.*
- Une phrase **complexe** peut être composée de propositions indépendantes :
  – **juxtaposées**, c'est-à-dire **séparées** par une virgule, un deux-points ou un point-virgule ;
  L'enfant hésitait, revenait sur ses pas : il était égaré.
  – **coordonnées**, c'est-à-dire **reliées** par une conjonction de coordination ou un adverbe de liaison (*ensuite, en effet*...).
  Le pâtissier garnit les tartes et les dispose sur une plaque, puis il les enfourne.

3 * **a. Soulignez les verbes conjugués.**
b. Entourez les conjonctions de coordination qui relient deux propositions.
c. Mettez une barre après chaque proposition.

M. Alexandre-Bonaparte Cust se leva de son siège et ses yeux myopes firent le tour de la pauvre chambre à coucher. D'être resté trop longtemps dans la position assise, il se sentait courbatu et il s'étira de toute sa hauteur. Il était réellement d'une taille élevée, mais son dos voûté et sa myopie donnaient l'impression du contraire.

Agatha CHRISTIE, *ABC contre Poirot*, © éd. du Masque, 1950.

Une **conjonction de coordination** ne relie pas seulement des propositions.

4 * **a. Complétez ces phrases complexes avec les conjonctions de coordination et les adverbes de liaison suivants :** ***puis, ou, c'est pourquoi, car, et.***
b. Mettez une barre entre les propositions.

1. Je cherche des planches .... je veux construire une cabane.
2. Sa tablette est cassée, ... il a emprunté la mienne.
3. Le chien a ouvert un œil .... il a remué la queue, ... il s'est rendormi.
4. Plus tard, je ferai des études de médecine .... j'étudierai le droit.

5 ** **Transformez ces propositions juxtaposées en propositions coordonnées, en utilisant des conjonctions de coordination ou des adverbes de liaison.**

1. Il cultive des tomates, a planté de la vigne.

....

2. Tu t'es moquée d'elle : elle boude.

....

3. Il semble dormir, il nous observe.

....

J'utilise ce que j'ai appris…

POUR LIRE **6** *(Tante Clarisse.)* Elle m'inventa le grenier, me découvrit la cave et me rebâtit toute la maison d'un seul coup de baguette. Le grenier révéla toutes ses tentations : je ne le quittais plus, car ces tentations sont innombrables et chacune vous ouvre une merveille : la cave me donna le goût du secret et de l'ombre ; la maison se mit à parler toutes les nuits, le plus naturellement du monde, le jardin s'emplit de mille mystères…

Henri Bosco, *Antonin*, © Gallimard, 1952.

a. Combien de phrases ce texte contient-il ? ..../1

b. Ces phrases sont-elles simples ou complexes ? ....

Pourquoi ? ..../2

....

c. Comment appelle-t-on les propositions qui les composent ? ..../1

....

d. Soulignez les conjonctions de coordination qui relient deux propositions. ..../3

e. Entourez les signes de ponctuation qui séparent des propositions à l'intérieur des phrases. ..../3

Ma note : .... / 10

POUR DIRE **7** **Un(e) élève lit le texte ci-dessus en transformant toutes les propositions en phrases simples, terminées par des points et sans coordination. Comparez l'effet produit par ce texte, par rapport au texte d'origine.**

POUR ÉCRIRE **8** **Imaginez que vous pénétrez dans un grenier ou une pièce fermée depuis longtemps. Décrivez ce que vous voyez et ce que vous ressentez, en n'utilisant que des phrases complexes, composées de propositions indépendantes juxtaposées ou coordonnées.**

20 La phrase complexe : principales et subordonnées

d'autres exercices numériques
bordas.media/733822_040

Mon objectif : **comprendre les notions de subordination, proposition principale et proposition subordonnée, dans la phrase complexe**

J'observe et je réfléchis

1 Dans *Le Roman de Renart*, Renart est un animal rusé **qui** trompe ses ennemis mais aussi ses amis. Le loup Ysengrin est une de ses victimes. Renart se moque de lui **parce qu'**il est naïf et il n'hésite pas à le ridiculiser **quand** l'occasion se présente. Ysengrin croit **que** Renart est son ami et **qu'**il veut l'aider.

a. **Mettez entre crochets les propositions introduites par les mots en gras.**

b. **Ces propositions pourraient-elles exister seules ?** ....

c. **Soulignez les propositions dont elles dépendent et grâce auxquelles elles prennent un sens.**

J'apprends et je m'exerce

- Une phrase complexe peut être composée de deux propositions reliées par un subordonnant :
  – un **pronom relatif** (*qui, que, dont, où, lequel, laquelle, auquel*…) ;
  – une **conjonction de subordination** (*que, quand, dès que, parce que, pour que*…).
  Elle joue de la clarinette quand elle rentre du collège.

2 * a. **Soulignez les verbes conjugués et entourez les subordonnants.**
** b. **Placez entre crochets les propositions introduites par un subordonnant.**

1. J'ai reçu une réponse de mon correspondant anglais auquel j'avais écrit.
2. Elle a relu la leçon, qu'elle avait un peu oubliée.
3. Les rues sont vides dès que tombe la nuit.
4. Depuis que nous sommes en vacances, il ne cesse de pleuvoir.
5. Karim creuse dans son jardin parce qu'il croit qu'il y a un trésor.
6. Il éteignit les lumières pour qu'on ne devine pas sa présence.

- La proposition introduite par un **subordonnant** est une subordonnée.
  Elle ne peut pas être employée seule : ~~*que tu passes me voir.*~~
- La proposition dont elle **dépend** est la principale.
  J'aimerais bien [que tu passes me voir].
  principale + subordonnée = phrase complexe
- Une principale peut avoir plusieurs subordonnées qui dépendent d'elle.
  J'aimerais bien [que tu passes me voir] et [que tu me rendes mon vélo].

3 * **Soulignez les principales et mettez les subordonnées entre crochets.**

La subordonnée peut **précéder** la principale.

1. On s'aperçut que des tableaux avaient disparu.
2. Quand je leur ai raconté mes aventures, ils ont bien ri.
3. On construit un barrage qui produira de l'électricité.
4. Dès que le soleil se lève, le coq chante.
5. Elle a rapporté le pull qu'elle a acheté hier, parce qu'il est trop grand.
6. Notez les rêves dont vous vous souvenez.

- Une **proposition subordonnée** peut être :
  – une **subordonnée relative complément** d'un **nom** ou d'un **pronom** (son antécédent).
  On entend le vent [qui agite les branches du marronnier].
  – une **subordonnée conjonctive COD du verbe** de la principale :
  Certains affirment [qu'ils ont vu un loup dans la forêt].
  – une **subordonnée conjonctive complément circonstanciel** :
  Nous ramasserons des coquillages, [quand la mer se retirera].

4 ** **Soulignez les principales. Mettez les subordonnées entre crochets. Indiquez la fonction des subordonnées.**

La subordonnée peut se trouver **au milieu** de la principale.

1. Je ne crois pas que le spectacle commence à l'heure. ....
2. Le roman que tu m'as conseillé était passionnant. ....
3. Quand le temps le permettra, nous irons courir dans le parc. ....
4. La chemise bleue est celle que je préfère. ....
5. Tu t'es trompé parce que tu es étourdi. ....

J'utilise ce que j'ai appris...

POUR LIRE **5** *(Renart est tombé dans une cuve de teinture jaune. Le teinturier arrive.)*

Renart dit au teinturier : « C'était pour remuer la teinture ; c'est la mode de Paris et de chez nous. Aidez-moi donc à sortir d'ici **pour que** je vous apprenne ce procédé. » Le teinturier voit la patte **que** lui tend Renart ; il la saisit avec une telle énergie qu'il manque de la lui arracher. **Quand** Renart est sur la terre ferme, il se contente de lancer : « Bonhomme, occupe-toi de ta teinture, car, moi, je n'y connais rien ; mais les choses ont failli mal tourner dans ta cuve **où** j'ai sauté ! »

D'après *Le Roman de Renart*, 1555.

a. Relevez les propositions subordonnées introduites par les subordonnants en gras. Précisez s'il s'agit de relatives ou de conjonctives.

....

....

....

b. Soulignez leurs principales.

POUR DIRE **6** **Proposez, à tour de rôle, une phrase composée d'une principale et d'une subordonnée introduite par un des subordonnants cités dans les encadrés.**

POUR ÉCRIRE **7** **Imaginez la suite de l'épisode ci-dessus : Renart, teint en jaune, a fait semblant de fuir mais il revient sur ses pas pour entrer dans le garde-manger du teinturier. Vous utiliserez, au moins, une subordonnée relative et une subordonnée conjonctive.**

Autoévaluation	Oui	Non
J'ai imaginé une suite à l'épisode de Renart chez le teinturier.		
J'ai respecté la consigne : il revient dans le garde-manger.		
J'ai utilisé une subordonnée relative.		
J'ai utilisé une subordonnée conjonctive.		

J'ai obtenu :
- **1 oui** = Je relis la consigne et le texte de l'exercice 5 et je remanie mon récit.
- **2 oui** = Je fais les corrections nécessaires.
- **3 oui** = Je suis sur la bonne voie.
- **4 oui** = Bravo !

Dans tous les cas, je relis mon brouillon et perfectionne mon récit.

21 Les subordonnées conjonctives

d'autres exercices numériques
bordas.media/733822_042

Mon objectif : connaître la construction des subordonnées conjonctives ; trouver leur fonction

J'observe et je réfléchis

1 *(Avant la bataille, le chevalier Roland s'adresse à Olivier.)*

« Sire compagnon, ami, l'empereur* nous a confié vingt mille hommes et je sais **que** pas un n'est lâche. Frappe de ta lance, et moi, de Durandal, ma bonne épée **que** le roi me donna. Si je meurs, celui qui la trouvera pourra dire **qu'**elle appartenait à un noble vassal **parce que** je me serai battu jusqu'au bout. »

D'après *La Chanson de Roland*, fin du XIe s.

***L'empereur** : il s'agit de Charlemagne.

a. Mettez entre crochets les subordonnées dont les subordonnants sont en rouge.

b. Soulignez celle qui complète un nom et entourez ce nom.

c. Surlignez les deux subordonnées qui sont COD du verbe qui les précède.

d. La dernière subordonnée exprime-t-elle le temps ☐ ou la cause ☐ ?

J'apprends et je m'exerce

- Les **subordonnées conjonctives** sont introduites par une **conjonction de subordination** : *que, quand, lorsque, puisque, dès que, parce que, pour que, afin que...*
  Elle fait la grasse matinée, parce que c'est dimanche.
  proposition principale — proposition subordonnée conjonctive

2 **Soulignez les principales. Mettez entre crochets les subordonnées conjonctives. Les subordonnants sont en gras dans les trois premières phrases.**

* **a.** **1.** Tu sursautes **dès que** tu entends du bruit. • **2.** **Puisqu'**il fait chaud, allons nous baigner. • **3.** La navigation est dangereuse **parce qu'**il y a des icebergs.

** **b.** **4.** Il demande que nous ne le dérangions pas, quand il travaille. • **5.** Nos amis sont arrivés très tard, de sorte que nous sommes partis sans les voir. • **6.** Je sais que ce film ne te plaira pas.

- Quand une **subordonnée conjonctive** est **COD** du verbe de la principale, elle est introduite par la **conjonction** de subordination *que* (*qu'*).
  J'attends [que la pluie cesse]. → *que la pluie cesse* : COD de *attends*.
- On ne doit pas la confondre avec une **subordonnée relative** introduite par le **pronom** relatif *que*. La relative est complément de son antécédent (→ p. 19).
  Je relis le devoir [que j'ai terminé]. → *que j'ai terminé* : C. de l'antécédent *devoir*.

Le **pronom relatif** a une fonction dans la subordonnée relative. La **conjonction de subordination *que*** n'a aucune fonction.

3 * **Soulignez les subordonnées conjonctives et mettez entre crochets les subordonnées relatives. Donnez leur fonction.**

1. J'ai appris que vous parliez le chinois. ....
2. Je sais depuis toujours que les chats n'aiment pas l'eau. ....
3. Elle défit le paquet qu'elle avait reçu. ....
4. De tous les mois, juin est celui que je préfère. ....

- Les **subordonnées conjonctives** introduites par *quand, lorsque, puisque, pour que*… sont des **compléments circonstanciels**. Elles peuvent exprimer des circonstances variées, notamment le **temps**, la **cause**, le **but**…
Il ne parle pas [parce qu'il est timide]. → *parce qu'il est timide* : CC de cause

4 **Soulignez les subordonnées conjonctives puis indiquez leur fonction : CC de cause, de temps ou de but.**

1. Puisque tu ne fais rien, viens nous aider. ……………
2. Elle a fait de la plongée lorsqu'elle était en Corse. ……………
3. Explique-moi le maniement de cet appareil, pour que je l'utilise. ……………
4. Aussitôt qu'il fut parti, chacun se sentit plus à l'aise. ……………
5. Ce gratin n'est pas mangeable parce qu'il est trop cuit. ……………
6. Afin que ses amis ne l'oublient pas, elle leur téléphone souvent. ……………

J'utilise ce que j'ai appris…

POUR LIRE **5** *(Vendredi a soigné Anda, une chevrette, et il s'est attaché à elle. Robinson s'étonne.)*

– […] Tu veux que tout le monde soit libre à Speranza, et qu'il n'y ait plus d'animaux domestiques. Alors pourquoi retiens-tu Anda près de toi ?
– Anda n'est pas un animal domestique, répondit Vendredi avec dignité. Elle est libre. Elle reste avec moi, parce qu'elle m'aime. Le jour où elle voudra partir, je ne l'empêcherai pas.

Michel TOURNIER, *Vendredi ou la vie sauvage*, © Gallimard, 1971.

a. Relevez les subordonnées conjonctives. Indiquez leur fonction.

……………

……………

……………

b. Quelle est la classe grammaticale et la fonction de la subordonnée soulignée ?

……………

POUR DIRE **6** **Jouez la scène « Enquête au collège ». Des policiers interrogent des témoins sur la disparition mystérieuse du cuisinier pendant la cantine. Les questions contiennent les verbes *remarquer, voir, entendre, savoir*…, ou *Pourquoi ? Quand ?***
Les témoins répondent par des phrases contenant des subordonnées conjonctives.

POUR ÉCRIRE **7** **Imaginez la suite du dialogue entre Robinson et Vendredi. Vous utiliserez au moins : une subordonnée conjonctive introduite par *que* • deux subordonnées conjonctives introduites par *pour que, parce que, quand* ou *dès que* • une subordonnée relative introduite par *que*.**

Autoévaluation

	Oui	Non
J'ai écrit un dialogue entre Robinson et Vendredi, à propos d'Anda.		
J'ai utilisé 1 subordonnée conjonctive introduite par *que*.		
J'ai utilisé 2 subordonnées conjonctives circonstancielles.		
J'ai utilisé une relative introduite par *que*.		

J'ai obtenu : ■ **1 oui** = Je relis attentivement la consigne et je remanie profondément mon devoir.
■ **2 oui** = Je fais les corrections nécessaires. ■ **3 oui** = C'est bien. ■ **4 oui** = Bravo !

Dans tous les cas, je relis mon brouillon et perfectionne mon récit.

22 Les paroles rapportées directement : le dialogue

d'autres exercices numériques
bordas.media/733822_044

Mon objectif : connaître les caractéristiques des dialogues dans les récits

J'observe et je réfléchis

1 – Comment cela, reprit le brigadier, nous pouvons le laisser aller ?
– Sans doute, reprit l'évêque.
Les gendarmes lâchèrent Jean Valjean qui recula.
– Est-ce que c'est vrai qu'on me laisse ? dit-il d'une voix presque inarticulée [...].

Victor HUGO, *Les Misérables*, 1862.

a. **Surlignez les paroles prononcées par les personnages.**

b. **À quel temps sont les verbes de ces paroles ?** ....

c. **Quel signe se trouve au début de chaque réplique de dialogue ?** ....

d. **Quels verbes expriment l'action de parler ?** ....

e. **Quelle est la particularité de leur sujet ?** ....

J'apprends et je m'exerce

- Les **répliques d'un dialogue** reproduisent exactement les **paroles** prononcées.
- Dans un **dialogue** inséré dans un **récit**, les répliques sont précédées d'un **tiret** qui marque le changement d'interlocuteur.
- Une réplique isolée ou tout un dialogue peuvent être entre **guillemets**. Il n'y a pas de tiret après des guillemets.

2 * **Complétez le dialogue avec les tirets et les guillemets qui manquent.**

Le khalife pria Sindbad d'approcher du trône et lui déclara :
« Sindbad, j'ai un service à te demander.
.... Seigneur, quel est ce service ? Me voilà prêt à t'obéir en toutes choses.
.... Tu iras chez le roi de Serendib, dit le khalife, et tu lui porteras une lettre et un cadeau. ....

D'après *Les Aventures de Sindbad le Marin*, vers 837.

3 ** **Recopiez le texte en rétablissant la ponctuation du dialogue.**

On va **à la ligne** chaque fois qu'un personnage a terminé sa réplique.

Poirot lui dit d'une voix douce : Est-ce bien vous Miss Mary Drower, la femme de chambre ? Oui, monsieur, c'est moi Mary. Peut-être pourrais-je vous parler quelques minutes... si votre maîtresse n'y voit pas d'inconvénient. C'est au sujet de votre tante, Mme Ascher. Madame est sortie, monsieur. Mais je suis sûre qu'elle me permettrait de vous faire entrer ici.

D'après Agatha CHRISTIE, *ABC contre Poirot*, © éd. du Masque, 1950.

....
....
....
....
....
....
....

- Une **réplique** de dialogue peut être annoncée, dans le **récit**, par un **verbe introducteur** suivi d'un **deux-points**. *Elle cria : « Que fais-tu ? »*
- Une **réplique** de dialogue peut être coupée ou suivie par une **proposition incise**.
Cette proposition contient un **verbe de parole** dont le sujet est **inversé**.
– Que fais-tu ? cria-t-elle.

4 * **Associez les verbes introducteurs en gras et les répliques qu'ils annoncent.**

Il **demanda** :	« Je pars en Chine l'an prochain. »
Il **suggéra** :	« Il n'en est pas question. »
Il **annonça** :	« Est-ce que tu veux jouer avec nous ? »
Il **répliqua** :	« Si nous passions voir Tom ? »

5 ** **Ajoutez une proposition incise à ces répliques en employant le sujet *elle* et les verbes suivants au passé simple : *protester, murmurer, questionner, expliquer, s'exclamer.***

La proposition **incise** ne commence jamais par une majuscule.

1. Qui a pris mon stylo ? ....
2. Mon bus avait du retard, ...
3. Je n'ai rien dit du tout ! ....
4. Je vais te révéler un secret, ...
5. Quelle horreur ! ....

J'utilise ce que j'ai appris...

POUR LIRE **6** Pour faire valoir la famille de ma nouvelle amie, j'ajoutai :

– Et en plus, il* fait des poésies superbes, et à Paris, tout le monde le connaît !

– Paris est loin, dit l'oncle. Ici, on n'en a pas encore entendu parler !

Je ripostai :

– En tout cas, c'est un noble. Il s'appelle Loïs de Montmajour.

– Peste ! s'écria l'oncle. C'est la petite qui t'a dit ça ?

– Bien sûr. Loïs de Montmajour. C'est pour ça que dans la famille, ils se disent « vous ». Parce que ce sont des nobles.

D'après Marcel PAGNOL, *Le Temps des secrets*, coll. « Fortunio », éd. de Fallois, © Marcel Pagnol, 2004.

* **Il** : le père de son amie.

a. **Soulignez les paroles prononcées par les personnages.** ..../4

b. **Entourez les verbes introducteurs de dialogue qui précèdent une réplique.** ..../2

c. **Relevez les propositions incises. Soulignez leur sujet.** ..../4

....

Ma note : ..../ 10

POUR DIRE **7** **Un groupe d'élèves joue la scène du texte 1, puis improvise une suite. Leurs camarades prennent ensuite la parole pour noter tout ce qui différencie un dialogue écrit et un dialogue oral.**

POUR ÉCRIRE **8** **Deux camarades discutent de l'organisation d'une rencontre sportive. Rapportez leur dialogue en y insérant quelques phrases de récit. Vous introduirez des propositions incises composées à partir de cinq des verbes suivants : *expliquer, marmonner, répliquer, proposer, insister, affirmer, répondre, reprendre.***

23 Évaluation

La phrase

Mon objectif : évaluer mes connaissances sur la construction des phrases simples et complexes

Je récapitule mes connaissances

1 **a.** **J'associe chaque phrase à son type.** **b.** **Je la mets à la forme négative.**

déclaratif •	• Pourquoi lis-tu ce roman ? ....
impératif •	• Frapper avant d'entrer. ....
interrogatif •	• J'ai encore soif. ....

2 **Je complète les schémas avec des exemples personnels.**

La phrase simple

sujet	+	groupe verbal	+	(C. circonstanciel *facultatif*)
Les chouettes		*lancent leurs cris*		*à la tombée de la nuit.*
....		....		....

La phrase complexe

indépendante	+	**indépendante juxtaposée**	*Le vent hurle, la pluie redouble de violence.*
....	:	....	
indépendante	+	**indépendante coordonnée**	*Tu chantes et je t'accompagne à la guitare.*
....		car	
principale	+	**subordonnée relative**	*Appuie sur le bouton qui est à droite.*
....		que	
principale	+	**subordonnée conjonctive**	*Ils font de la luge, quand la neige tombe.*
....		parce que	

Je teste mes connaissances

3 **a.** **Je souligne les principales.** **b.** **Je mets entre crochets les subordonnées.**
c. **Je précise si elles sont conjonctives ou relatives.**
d. **Je donne leur fonction.**

1. J'ai rapporté les rollers que tu m'as prêtés. ....
2. Je sais bien que tu peux m'aider en cas de besoin. ....
3. Dès que tu me fais signe, je plonge. ....
4. Sofia est triste parce qu'elle doit changer de collège. ....
5. Je vais te montrer la maison où j'ai vécu petite. ....

0,5 point par réponse juste ■ **Ma note :** .... **/ 10**

J'applique mes connaissances…

POUR LIRE **4**

Pour maître Tiécelin, le corbeau, qui n'avait rien mangé de la journée , il n'était pas question de repos . La faim le fait sortir du bois ; il se dirige à tire-d'aile vers un enclos, prenant bien soin de passer inaperçu, brûlant d'une ardeur conquérante. Que voit-il ? Un millier de fromages qu'on avait mis à sécher au soleil. La bonne femme **qui** devait les surveiller était rentrée dans sa maison. Elle est rentrée ? Parfait. Tiécelin voit **que** c'est le moment ou jamais d'en profiter. Il fonce et s'empare d'un fromage. La vieille se précipite dans la rue pour le récupérer. Apercevant Tiécelin, elle lui jette des cailloux, et même de grosses pierres, et crie : « Oiseau de malheur, vous n'en aurez pas une miette ! »

Le Roman de Renart, 1555, © Éditions Bordas.

1. **Relevez une phrase non verbale.** .... 1 point
2. **Dans la phrase *Elle est rentrée ?* indiquez :** 2 points
le sujet : .... • le groupe verbal :...............................
3. **Relevez deux phrases interrogatives et une phrase exclamative.** 3 points
....
....
4. **Mettez entre crochets les propositions à la forme négative.** 3 points
5. **Relevez les subordonnées introduites par les mots en gras. Indiquez la nature et la fonction de ces subordonnées.** 6 points
....
....
....
....
6. **Soulignez leurs principales.** 2 points
7. **Indiquez de quelle sorte de propositions est composée la phrase soulignée. Précisez comment sont reliées ces propositions.** 2 points
....
....
8. **Expliquez pourquoi la dernière phrase est encadrée par des guillemets.** 1 point
....

Ma note : .... / 20

POUR DIRE **5** **Reformulez l'histoire ci-dessus, en la développant. Utilisez : les trois types de phrase • des phrases simples • des phrases complexes de constructions variées.**

Évaluation collective : **5 points** : conformité avec l'extrait du *Roman de Renart* **5 points** : formulation personnelle
10 points : emploi des différents types de phrase et proposition

Notre note : .... / 20

POUR ÉCRIRE **6** **Écrivez une suite du texte ci-dessus. Introduisez quelques phrases de dialogue. Variez le type des phrases et leur construction.**

1. Tenez compte de chaque fait du récit d'origine pour en écrire une suite cohérente. 6 points
2. Insérez quelques répliques de dialogue. 4 points
3. Écrivez des phrases simples et des phrases complexes de constructions variées. 6 points
4. Employez au moins une fois chaque type de phrase. 4 points

Ma note : .... / 20

Évaluation des compétences travaillées

➥ Connaître le fonctionnement de la phrase simple et de la phrase complexe ➥ Identifier les types et les formes de phrase	Ma note globale : .... / 70 ■ Entre 0 et 17 : maîtrise insuffisante. ■ Entre 18 et 35 : maîtrise fragile.	■ Entre 36 et 53 : maîtrise satisfaisante. ■ Entre 54 et 70 : très bonne maîtrise.

Reportez les résultats de l'évaluation p. 128.

Préparation à la dictée

24 La chatte et le perroquet

Mon objectif : mettre en pratique mes connaissances d'orthographe grammaticale et lexicale

1. Je prépare la dictée

Orthographe grammaticale

1. *Cette* est suivi d'un nom féminin singulier. *Cet* est suivi d'un nom masculin singulier commençant par une voyelle. Faites précéder chaque nom de *cette* ou *cet*.

.... étendue • .... emploi • .... explication • .... étage

2. Le verbe s'accorde avec le noyau du groupe nominal sujet. Écrivez au présent la terminaison du verbe, après avoir souligné le mot avec lequel il s'accorde.

Un paquet de pâtes suffi........... largement. • Les élèves de 5e 4 sort........... à 16 h.

La fin des vacances approch........... . • Les conseils de classe se tienn........... le soir.

3. *C'est* peut être remplacé par *c'était*. *Ses* peut être remplacé par *mes*. Complétez ces phrases.

.... la nuit, le berger ramène .... brebis. L'élève corrige .... erreurs, ... bien.

Conjugaison

4. Mettez le verbe *pouvoir* à la 1re personne du singulier et du pluriel du présent, de l'imparfait, du passé simple et du plus-que-parfait.

je .... • je .... • je .... • j'..............................

nous .... • nous .... • nous .... • nous ....

Orthographe lexicale

5. Complétez ces mots avec la ou les lettres qui manquent.

un pe.........oquet • une prune.........e • un exam.........n • une c.........eillette

2. J'écris la dictée

(Madame Théophile est le nom d'une chatte.)

....

....

....

....

....

....

....

Théophile Gautier, *Ménagerie intime*, 1869.

3. Je corrige mes fautes

Distinguez les fautes d'**accord**, de **conjugaison** et d'orthographe d'**usage**.

....

....

....

....

....

J'évalue ma dictée

2 points par faute de grammaire ou de conjugaison, 1 point par faute d'usage, 0,5 point par faute de ponctuation, d'accent d'usage, de majuscule.

Ma note : .... /20

25 Méthode

Comment former et employer les participes passés ?

Mon objectif : trouver le participe passé des verbes ; comprendre ses emplois

Je trouve le participe passé des verbes

- J'emploie le verbe avec un **auxiliaire** : *voir → j'ai vu • partir → il est parti*

Je vérifie si j'ai compris

1. J'écris le participe passé des verbes à l'infinitif.

essayer : j'ai .... • suivre : nous avons .... • savoir : tu as ....
finir : vous avez .... • devenir : il est .... • naître : il est ....

Je trouve la terminaison d'un participe passé masculin

- Je mets ce participe passé au **féminin** : *apprendre : (elle est) apprise*
- J'enlève le **-e** de la terminaison et je trouve celle du participe passé masculin : *apprise → appris*

Je vérifie si j'ai compris

2. Je complète le tableau.

infinitif	participe passé féminin	participe passé masculin
chanter	chantée	....
conduire	....	....
faire	....	....
comprendre	....	....
prévoir	....	....
créer	....	....

Je comprends les emplois du participe passé

- J'observe si le participe passé est **précédé d'un auxiliaire.**

Oui → Il sert à former un **temps composé** : *tu as retenu • elle avait décidé • je serai parti*

Non → Il est l'équivalent d'un **adjectif qualificatif** : *une porte fermée*

Je vérifie si j'ai compris

3. a. Je souligne les temps composés avec un auxiliaire et un participe passé.
b. J'entoure les participes passés employés sans auxiliaire.

1. Nous avons retrouvé les clés perdues.
2. Les enfants émerveillés ont écouté le conteur.
3. Ils auront bientôt terminé l'œuvre commencée.

En résumé

Un participe passé fait partie d'une **forme verbale** quand il est précédé d'un **auxiliaire**. Sinon, il fonctionne comme un **adjectif qualificatif**.

Vérifiez que vous avez bien compris en complétant la fiche imprimable.

bordas.media/733822_049

26 La voix active et la voix passive

d'autres exercices numériques
bordas.media/733822_050

Mon objectif : différencier la voix active et la voix passive ; savoir conjuguer les verbes à la voix passive

J'observe et je réfléchis

1 1. Le vent et les assauts de la mer **sculptent** la falaise.

2. La falaise **est sculptée** par la mer et les assauts du vent.

a. Dans quelle phrase le sujet fait-il l'action du verbe *sculpter* ? ....

b. Dans laquelle l'action du verbe est-elle faite par le complément ? ....

c. De quels éléments est formé le verbe *est sculptée* ?

....

J'apprends et je m'exerce

- Un verbe est à la voix active quand son sujet **fait l'action** exprimée par le verbe.
  Un technicien répare la panne. Le sujet *Un technicien* fait l'action de *réparer*.
  → ***répare*** : verbe **actif**
- Un verbe est à la voix passive quand son sujet **ne fait pas l'action** exprimée par le verbe.
  La panne est réparée par un technicien.
  Le sujet *La panne* ne fait pas l'action de *réparer*. → ***est réparée*** : verbe **passif**

2 * **Soulignez les verbes à la voix passive.**

1. De lourds chariots étaient traînés par de robustes chevaux.

2. Depuis qu'elle a été élue à la tête du club, elle est accablée par les responsabilités, mais elle ne le regrette pas.

3. Les clients de la banque ont réalisé qu'ils étaient pris en otage. Au bout d'une heure, ils ont été libérés et les malfaiteurs ont été arrêtés.

- Pour **conjuguer** un verbe à la voix passive, on met l'**auxiliaire *être*** au temps et au mode voulus et on le fait suivre du **participe passé** du verbe.
  tu féliciteras : voix active → *tu seras félicité(e)* : voix passive
  appeler : voix active → ***être appelé(e)*** : voix passive

3 * **Ces verbes sont à la voix active, mettez-les à la voix passive. Respectez le temps du verbe et accordez les participes passés.**

1. Vous admirez. ....

2. Ils ignoreront. ....

3. Comprendre. ....

4. Elle encourageait. ....

5. J'avais félicité. ....

6. Tu reconnus. ....

4 ** **Réécrivez ces phrases en mettant leur verbe à la voix passive.**

1. La télévision retransmettra le match.

....

2. Un voisin a retrouvé le chat perdu.

....

3. Une vague géante a détruit la digue.

....

- Il ne faut pas confondre les verbes **passifs** et les verbes **actifs** qui se conjuguent avec l'auxiliaire ***être*** **aux temps composés.**
  Louis est sorti. → **le sujet** *Louis* **fait** l'action de *sortir* → **passé composé actif**
  Louis est invité. → **le sujet** *Louis* **ne fait pas** l'action d'*inviter* → **présent passif**

Voyez si le sujet fait ou non l'**action** du verbe.

5 ★★ **Soulignez les verbes actifs et surlignez les verbes passifs.**

Nous sommes contrariés • elles étaient revenues • il était accompagné • tu seras surprise • je suis resté • ils furent venus • elle était bousculée • vous êtes tombés • tu es rassuré • je suis descendue

6 ★★ **Soulignez les verbes. Indiquez leur temps et leur voix.**

1. Nous avons été convaincus par ses arguments. ……………
2. Plusieurs espèces animales auront disparu. ……………
3. Vous avez résolu le problème. ……………
4. Certains tissus sont fabriqués avec du plastique. ……………
5. Aviez-vous été avertis à temps. ……………
6. Nous avions projeté un voyage en Asie. ……………
7. Tu auras été mal renseigné. ……………
8. Elles étaient montées au sommet. ……………
9. Nous serons bientôt relogés. ……………

J'utilise ce que j'ai appris…

POUR LIRE **7** Un jour, vers 1816, une petite fille, qui portait à une actrice ses diamants pour un rôle de reine, fut surprise par une averse et fut entraînée dans l'égout de la rue du Temple où elle allait disparaître, sans les secours d'un passant qui fut ému par ses cris ; mais elle avait lâché les diamants, qui furent retrouvés dans une bouche d'égout. Cet événement fit grand bruit. Il donna du poids aux réclamations pour la suppression de ces avaloirs d'eau et de petites filles. Ces constructions curieuses étaient garnies de grilles mobiles ou grillagées.

D'après Honoré DE BALZAC, *Les Lecamus : Z. Marcas*, 1841.

a. **Indiquez le temps et la voix des verbes soulignés.** ……………/6

……………

……………

……………

……………

b. **Réécrivez cette phrase à la forme active.** ……………/4

Une petite fille fut surprise par une averse.

……………

Ma note : ……………/ 10

POUR DIRE **8** **Un(e) élève se met à la place du passant (exercice 7) et raconte les faits. Il (Elle) emploie plusieurs verbes à la voix passive, puis les écrit au tableau.**

POUR ÉCRIRE **9** **Quelques années plus tard, la petite fille fait le récit de sa mésaventure, en le développant. Utilisez de nombreux verbes à la voix passive et soulignez-les.**

27 Le présent de l'indicatif et ses emplois

+ d'autres exercices numériques
bordas.media/733822_052

Mon objectif : **savoir conjuguer et employer le présent de l'indicatif**

J'observe et je réfléchis

1 Maintenant, je vous demande d'écouter attentivement cette aventure de Renart. Ce jour-là, Renart décide de jouer un tour à des marchands qui transportent un chargement de poissons. Il se couche au milieu du chemin et fait le mort. Les marchands s'arrêtent et l'un d'eux dit : « Regarde ce goupil* ! Prenons-le, sa fourrure nous rapportera une belle somme. » Aussitôt ils jettent Renart sur leur chargement.

Vous devinez la suite !

* **Goupil** : au Moyen Âge, le nom qui désignait un renard.

a. Soulignez les verbes au présent de l'indicatif.

b. Quels sont les deux verbes au présent qui situent l'action au moment où parle le narrateur qui dit « je » ? ....

c. Les actions exprimées par les autres verbes au présent se situent :

au Moyen Âge ☐ • actuellement ☐

J'apprends et je m'exerce

- Au **présent**, les verbes en ***-er***, sauf *aller*, (**1er groupe**) ont les terminaisons *-e, -es, -e, -ons, -ez, -ent*.
  Jouer : je joue, tu joues, il joue, nous jouons, vous jouez, elles jouent.
  – Les verbes en ***-cer*** ont un *ç* devant *-ons* : *nous lançons.*
  – Les verbes en ***-ger*** gardent le ***e*** à toutes les personnes : *nous rangeons.*
  – Les verbes en ***-guer*** gardent le ***u*** à toutes les personnes : *nous naviguons.*

N'oubliez pas le ***-e*** de la terminaison des verbes en *-ier, -éer, -uer* : *je crie.*

2 ★ **Mettez ces verbes au présent, aux personnes indiquées.**

patiner : tu .... • avouer : il .... • oublier : j'..........

abréger : tu ...., nous .... • placer : je ...., nous ....

narguer : il ...., nous .... • plonger : tu ...., nous ....

- Les verbes en ***-yer*** changent le ***y*** en ***i*** sauf après *nous* et *vous* : *j'essuie, nous essuyons.*

Seuls les verbes en ***-ayer*** peuvent garder le ***y*** à toutes les personnes.

3 ★ **Complétez les verbes au présent.**

1. Leurs chiens aboi.......... tous les matins.
2. Il bala.......... le couloir *ou* il bala.......... le couloir.
3. Tu envo.......... un message.
4. J'appu.......... sur le bouton rouge.
5. Vous emplo.......... une équerre.

- Les verbes en ***-eler*** et ***-eter*** prennent un accent grave avant *-e, -es, -ent*.
  ***acheter** : j'achète, nous achetons* • ***geler** : je gèle, vous gelez.*
- Mais ***appeler, jeter*** doublent la consonne. ***appeler** : j'appelle* • ***jeter** : tu jettes.*

4 ★ **Mettez les verbes suivants au présent à la personne indiquée.**

projeter : elle .... • rappeler : tu .... • geler : il ....

rejeter : ils .... • ruisseler : vous .... • épeler : j'..........

- Les verbes en *-ir*, *-issant* (2e groupe) prennent *-is*, *-is*, *-it*, *-issons*, *-issez*, *-issent*.
- Les **autres verbes** (3e groupe) ont les terminaisons *-s*, *-s*, *-t*, *-ons*, *-ez*, *-ent*.
Mais les verbes en *-dre* (sauf en *-indre* et *-soudre*) prennent *-ds*, *-ds*, *-d* : *je vends*.

Il existe de nombreux verbes **irréguliers** (tableaux page de couverture).

5 ** **Mettez ces verbes au présent, à la personne indiquée.**

saisir : il .... • fournir : nous .... • gémir : ils ....
tenir : il .... • venir : elles .... • pouvoir : je ....
croire : ils .... • faire : nous ...., vous ....
dire : vous .... • mettre : tu ....

6 * **Complétez les verbes au présent.**

Je ten........ la main. • Tu pren........ le train. • On te rejoin........ • Le sucre se dissou........

Les **principales valeurs du présent** sont :
- le **présent d'actualité** : il exprime un fait qui se déroule au moment où on l'énonce.
En ce moment, je fais des exercices.
- le **présent de narration** : il raconte des faits passés en les rendant plus vivants.
Les corsaires se préparent à l'abordage.
- le **présent de vérité générale** : il exprime des faits vrais de tout temps.
Mars est une planète.

7 ** **Indiquez si les verbes sont au présent d'actualité, de narration ou de vérité générale.**

1. Je te téléphone parce que je m'ennuie. ....
2. Marco Polo arrive en Chine et découvre une nouvelle civilisation. ....
3. Les jours rallongent au printemps. ....
4. Je n'arrive pas à ouvrir cette porte. ....

J'utilise ce que j'ai appris...

POUR LIRE **8** Aujourd'hui, en cours de français, nous découvrons Lancelot, le « chevalier à la charrette ». Ses aventures ont été racontées au XIIe siècle par Chrétien de Troyes.
Lancelot descend de son cheval et s'avance vers le pont : c'est une épée tranchante. Sur l'autre rive, sont couchés deux lions prêts à bondir. Mais un homme vaillant ne s'incline pas devant le danger. Lancelot prend donc son écu et le passe à son bras puis il saisit sa lance et s'apprête à poser son pied sur le pont de l'épée.

a. **Entourez le verbe au présent d'actualité.** .... /1
b. **Soulignez les verbes au présent de narration.** .... /8
c. **Relevez un présent de vérité générale :** .... /1

Ma note : .... / 10

POUR DIRE **9** **Choisissez un épisode du *Roman de Renart* ou d'une autre œuvre du Moyen Âge, puis racontez-le à vos camarades sous forme d'un récit au présent.**

POUR ÉCRIRE **10** **Imaginez une suite à l'épisode présenté dans l'exercice 1 ou 8. Racontez l'histoire au présent. Vous pourrez employer aussi des imparfaits et des passés composés, si c'est nécessaire. Soulignez les présents.**

28 Le futur de l'indicatif et ses emplois

Mon objectif : savoir conjuguer et employer le futur de l'indicatif

d'autres exercices numériques
bordas.media/733822_054

J'observe et je réfléchis

1 Le chevalier Lancelot murmure : « Je dois réussir. Je traverserai le pont de l'épée et je triompherai des lions malgré ma peur immense. Je ne mourrai pas. »

D'après CHRÉTIEN DE TROYES.

a. Soulignez les verbes au futur. Indiquez leur infinitif.

....

Lequel de ces verbes ne forme pas son futur exactement sur l'infinitif ? ....

b. Les actions exprimées par les verbes au futur se situent :

avant ☐ • **pendant** ☐ • **après** ☐ **l'instant où Lancelot parle.**

J'apprends et je m'exerce

- Les **terminaisons du futur** sont les mêmes pour tous les verbes : *(-r)ai, (-r)as, (-r)a, (-r)ons, (-r)ez, (-r)ont.*
- Le **futur** des verbes en *-er* et en *-ir, -issant* (1er et 2e groupes) se forme sur l'infinitif auquel on ajoute les terminaisons : ***parler*** → *je parlerai* ; ***finir*** → *je finirai*.
  Attention : ***appeler*** *: j'appellerai* ; ***jeter*** *: je jetterai* ; ***essuyer*** *: j'essuierai.*

2 Mettez ces verbes au futur, à la personne indiquée.

Ajoutez un **accent** quand c'est nécessaire.

* **a.** saisir : je .... • tirer : nous .... • réussir : elles ....
situer : vous .... • haïr : il .... • nourrir : il ....
élever : tu ....

** **b.** créer : tu .... • crier : je .... • semer : tu ....
rappeler : elle .... • appuyer : nous .... • projeter : il ....

- Le **futur** des autres verbes (3e **groupe**) se forme souvent de façon irrégulière :
  courir *: je courrai ;* ***mourir*** *: je mourrai ;* ***voir*** *: je verrai ;* ***pouvoir*** *: je pourrai.*

3 * **Mettez ces verbes au futur, à la personne indiquée.**

Consultez les **tableaux de conjugaison.**

venir : je .... • aller : il .... • mettre : tu ....
faire : elles .... • savoir : vous .... • rire : je ....
courir : tu .... • mourir : nous ....

4 * **Complétez le tableau suivant.**

infinitif	présent	futur	futur
pouvoir	je	je	nous ....
descendre	je	je	nous ....
éteindre	j'....................	j'....................	nous ....
rejeter	je	je	nous ....
courir	je	je	nous ....
voir	je	je	nous ....
apercevoir	j'....................	j'....................	nous ....

5 ** **Soulignez les verbes au futur.**

il chanta • nous rirons • vous préparez • je penserai • je penserais • elles apprécieront • ils vont • j'apportai • j'apporterai • nous dirons • vous peindrez • nous joignons • il livrera • il livra

- Le futur sert à exprimer des faits qui se situent dans l'**avenir**.
  Je viendrai te voir demain et nous irons nous promener.
- Il peut également exprimer un **ordre** (*tu resteras ici*), une **défense** (*tu ne sortiras pas*), un **conseil** (*vous éviterez de prendre froid*).

6 ** **Soulignez les verbes au futur et associez-les à leur valeur.**

1. Tu mettras cette lettre urgente à la poste. •
2. Nous pouvons sortir car nous finirons ce soir. •
3. Vous ferez cuire le tout à feu doux. •
4. Tu ne laisseras pas sortir le chien ! •
5. Le contrôle aura lieu lundi prochain. •
6. Vous irez voir la documentaliste à 10 h. •

• fait situé dans l'avenir
• ordre
• défense
• conseil

J'utilise ce que j'ai appris…

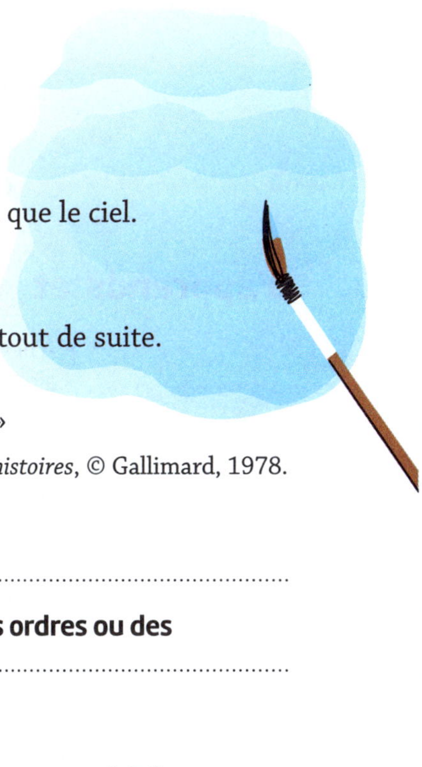

POUR LIRE **7** « Tu as raison, le prochain tableau que je ferai, ce sera rien que le ciel.
– Avec les nuages et le soleil ?
– Oui, avec tous les nuages, et le soleil qui éclaire.
– Ça sera beau, approuva Mondo. Je voudrais bien le voir tout de suite.
Le peintre regardait en l'air.
– Je commencerai demain matin. J'espère qu'il fera beau. »

Jean Marie Gustave LE CLÉZIO, *Mondo et autres histoires*, © Gallimard, 1978.

a. Relevez les verbes au futur. Indiquez leur infinitif.

....

b. Le futur exprime-t-il ici des faits situés dans l'avenir, des ordres ou des conseils ? ....
Soulignez les indices qui vous ont mis(e) sur la voie.

POUR DIRE **8** **Vous donnez des conseils à un(e) camarade pour réussir dans une activité ou pour réaliser un objet, une recette… Utilisez des verbes au futur.**

POUR ÉCRIRE **9** **Vous êtes délégué(e) de classe et, le matin d'une sortie scolaire, vous présentez à vos camarades les activités prévues. Vous utiliserez, en majorité, des futurs.**

Autoévaluation

	Oui	Non
J'ai présenté les activités prévues pour la sortie scolaire.		
J'ai utilisé les pronoms personnels *nous* et *vous*.		
J'ai utilisé, en majorité, des verbes au futur.		
J'ai vérifié les terminaisons de ces verbes.		

J'ai obtenu :
- **1 oui** = Je relis la consigne et je remanie mon récit.
- **2 oui** = Je fais les corrections nécessaires.
- **3 oui** = C'est bien. **4 oui** = Bravo !

Dans tous les cas, je relis mon brouillon et perfectionne mon récit.

29 La conjugaison de l'imparfait et du passé simple de l'indicatif

d'autres exercices numériques
bordas.media/733822_056

Mon objectif : **différencier et connaître la conjugaison de l'imparfait et celle du passé simple**

J'observe et je réfléchis

1 [Robinson] ramassa une branche pour s'en faire une canne et s'enfonça dans la forêt.
Les troncs des arbres abattus formaient avec les taillis et les lianes qui pendaient des hautes branches un enchevêtrement difficile à percer. […] Après plusieurs heures de marche laborieuse, Robinson arriva au pied d'un massif de rochers entassés en désordre. Il découvrit l'entrée d'une grotte, ombragée par un cèdre géant.

Michel TOURNIER, *Vendredi ou la vie sauvage*,
© Gallimard, 1971.

a. **Entourez les verbes à l'imparfait et surlignez ceux au passé simple.**

b. **Relevez les verbes au passé simple et donnez leur infinitif.**

ramassa= ramasser s'enfonça= s'enfoncer
découvrit= découvrire arriva= arriver

J'apprends et je m'exerce

- À l'**imparfait**, tous les verbes se forment avec les terminaisons *-ais, -ais, -ait, -ions, -iez, -aient* ajoutées au radical.
Ce radical est le même que celui de la 1re personne du pluriel du présent.
Peindre : **présent**, 1re personne du pluriel : *nous peign-ons*
imparfait, *je peign-ais, nous peign-ions*.

2 * **Conjuguez les formes verbales indiquées aux temps demandés entre parenthèses.**

prendre : (présent) nous prenons • (imparfait) je prenais, nous prenions
faire : (présent) nous faisons • (imparfait) je faisais, nous faisions
fuir : (présent) nous fuyons • (imparfait) je fuyais, nous fuyon
joindre : (présent) nous joignons • (imparfait) je joignais, nous joignions

On peut trouver **-ii-** et **-yi-**.
Crier : nous cri-ions
Payer : nous pay-ions.

3 ** **Mettez les verbes suivants à l'imparfait, à la deuxième personne du pluriel.**

oublier : vous oubliiez • croire : vous croyiez • broyer : vous broyiez
voir : vous voyiez • appuyer : vous appuyiez • défier : vous défiiez

- Les verbes en *-guer* gardent le *u* à toutes les personnes : *naviguer → je naviguais.*
- Les verbes en *-ger* gardent le *e* à toutes les personnes : *ranger → je rangeais.*
- Les verbes en *-cer* prennent une *cédille* devant *-a* : *rincer → je rinçais.*

4 * **Mettez ces formes verbales à l'imparfait.**

j'avance : j'avançais • tu manges : tu mangeais • il conjugue : il conjuguait
il place : il plaçait • vous pliez : vous pli • nous travaillons : nous trav

- Au passé simple, les verbes en *-er* ont les terminaisons *-ai, -as, -a, -âmes, -âtes, -èrent*.
ranger : je rangeai, nous rangeâmes • lancer : tu lanças, vous lançâtes

5 ** **Mettez les verbes au passé simple à la personne indiquée.**

payer : je .... • jeter : tu .... • plier : je .... • naviguer : il .... • avancer : tu .... • créer : ils .... • placer : je .... • plonger : vous .... • protéger : ils ....

- Les autres verbes ont les terminaisons :
-is, -is, -it, -îmes, -îtes, -irent. faire : je fis, nous fîmes • partir : tu partis, vous partîtes
-us, -us, -ut, -ûmes, -ûtes, -urent. lire : je lus, nous lûmes • boire : il but, ils burent
• être : je fus • avoir : il eut
-ins, -ins, -int, -înmes, -întes, -inrent. venir : je vins, nous vînmes • tenir : tu tins, vous tîntes

6 ** **Mettez ces formes verbales au passé simple.**

vous finissez : vous .... • elles réussissent : elles .... • tu saisis : tu .... • il apprend : il .... • elles conduisent : elles .... • tu détiens : tu .... • tu défais : tu .... • nous devenons : nous .... • il sert : il .... • vous dites : vous .... • nous devons : nous .... • ils voient : ils .... • nous retenons : nous .... • tu es : tu .... • elles ont : elles ....

7 ** **Complétez le tableau suivant.**

infinitif	imparfait	passé simple	passé simple
changer	je	je	nous ....
maintenir	je	je	nous ....
revoir	je	je	nous ....

J'utilise ce que j'ai appris…

POUR LIRE **8** **Mettez les verbes entre parenthèses : a. à l'imparfait ; b. au passé simple.**

a. Le capitaine Nemo (*se promener*) .... d'une extrémité à l'autre de la plate-forme, sans me regarder, peut-être sans me voir. Son pas (*être*) .... assuré, mais moins régulier que d'habitude. Il (*s'arrêter*) .... parfois, et les bras croisés sur la poitrine, il (*observer*) .... la mer. ..../4

b. En ce moment, le second (*attirer*) .... de nouveau l'attention du capitaine. Celui-ci (*suspendre*) .... sa promenade et (*diriger*) .... sa lunette vers le point indiqué. Il l'(*observer*) .... longtemps. De mon côté, très sérieusement intrigué, je (*descendre*) .... au salon, et j'en (*rapporter*) .... une excellente longue-vue dont je me servais ordinairement. ....../6

D'après Jules VERNE, *Vingt Mille Lieues sous les mers*, 1869.

Ma note : .... / 10

POUR DIRE **9** **Dressez une liste de verbes variés. Chaque élève choisit un verbe et dit deux phrases : l'une avec le verbe à l'imparfait, l'autre avec le verbe au passé simple.**

POUR DIRE **10** **Imaginez une suite au texte de l'exercice 1. Vous décrirez la grotte à l'imparfait. Puis vous présenterez les actions de Robinson, au passé simple.**

30 Choisir entre l'imparfait et le passé simple

Mon objectif : **employer judicieusement l'imparfait et le passé simple dans un récit**

d'autres exercices numériques
bordas.media/733822_058

J'observe et je réfléchis

1 Ce dugong* avait des dimensions colossales, et sa longueur dépassait au moins sept mètres. Il ne bougeait pas et semblait dormir à la surface des flots.
Le canot s'approcha prudemment à trois brasses de l'animal. Les avirons restèrent suspendus. Je me levai à demi.
Soudain un sifflement se fit entendre et le dugong disparut.

Jules VERNE, *Vingt Mille Lieues sous les mers*, 1869.

* **Dugong :** mammifère marin.

a. Soulignez les verbes qui décrivent l'animal.
À quel temps sont-ils ? l'imparfait

b. Entourez les verbes qui expriment des actions qui se succèdent.
À quel temps sont-ils ? passé simple

J'apprends et je m'exerce

On peut remplacer un **imparfait d'arrière-plan** par : *étais* (*-ait*, etc.) *en train de* + verbe à l'infinitif. C'est impossible avec un passé simple.

L'**imparfait** exprime des **actions passées non limitées dans le temps**. On l'emploie pour :
- des actions considérées dans leur **déroulement**. *Il marchait depuis l'aube.*
- les actions d'**arrière-plan** qui servent de **cadre** à un récit au passé simple : *Nous déjeunions quand le téléphone sonna.*
- des actions **habituelles, répétées** : *Le lundi, je jouais au tennis.*
- les **descriptions** : *L'arbre était immense.*

2 ★ **Soulignez les imparfaits et associez-les à leur valeur.**

1. Le jardin baignait dans une lumière pâle. •
2. Quand il faisait beau, nous déjeunions sur la terrasse. •
3. La façade était blanche, un rosier grimpant ornait le mur. •
4. Tous les soirs à dix heures, il promenait son chien. •
5. Il pleuvait, je m'ennuyais et restais sans rien faire. •
6. Je rentrais chez moi lorsque l'orage éclata. •
7. Ils se réunissaient tous les ans pour son anniversaire. •
8. La caravane se déplaçait lentement. •

• déroulement
• arrière-plan
• répétition
• description

- Le **passé simple** exprime une **action passée limitée dans le temps**.
On l'emploie dans les **récits** au passé en **langue soutenue**. Il exprime des **faits isolés** ou qui **se sont succédé** dans le temps. *Les marins hissèrent les voiles et le bateau s'élança.*
Ce sont des faits de **premier plan**, parce que ce sont eux qui font **progresser l'action**.
- Le passé simple est souvent associé à l'**imparfait** qui exprime les faits d'**arrière-plan**.
Nous déjeunions quand le téléphone sonna. Je me précipitai.
imp. passé s. passé s.

3 ★★ **Ces phrases sont au présent. Réécrivez-les en utilisant des imparfaits et des passés simples. Soulignez les passés simples.**

1. Ils marchent depuis longtemps, quand ils aperçoivent une lumière.
Ils marchèrent depuis longtemps, quand ils aperçoivent une lumière

2. Le chevalier comprend alors qu'il voit le Graal.
Le chevalie comprenait alors qu'ils vit le graal

3. La tempête fait rage depuis une heure. Une grosse vague retourne la barque et ses occupants tombent à l'eau. Heureusement, les secours ne tardent pas à arriver.

La tempête fait rage depuis une heure. Une grosse vague retournait la barque et ses occupants à l'eau. Heureusement, les secours ne tardent pas à arriver

4 ** **Complétez les verbes à l'imparfait ou au passé simple. Soulignez les passés simples.**

1. Dès qu'elle entendit arriver son amie, Agnès courait vers elle.
2. Un jour, Tom achetait un coffret en bois dans une brocante : de fines sculptures le décor............ et on l'ouvrait avec une petite clé en argent.
3. Ce jour-là, comme la journée s'annonça ensoleillée, il se réveilla plus tôt que d'habitude et en profitait pour faire une promenade matinale.

J'utilise ce que j'ai appris...

POUR LIRE **5** Cramponné à son radeau, Sindbad aperçoit enfin des pêcheurs et les appelle à l'aide. Ils rament alors de son côté et lui lancent des amarres que Sindbad peut saisir et accrocher. On le tire vers la rive avec précaution. Dès qu'il met le pied à terre, il s'écroule sur le sol car il est exténué et tremble de peur. La foule commence à l'entourer quand un homme âgé se dégage et vient vers lui. Par bonheur, il parle une langue proche de celle des Hindous que Sindbad comprend. Il lui souhaite la bienvenue, ôte son manteau et l'en couvre, montrant ainsi qu'il le prend sous sa protection.

D'après *Les Aventures de Sindbad le Marin*, vers 837.

Soulignez les verbes conjugués et réécrivez ce récit au passé. Vous utiliserez des passés simples et des imparfaits.

Cramponné à son radeau, Sindbad apercevait enfin des pêcheurs et les appelait à l'aide. Ils ramaient alors son côté et lui lançaient des amarres que Sindbad put saisir et accrocher. On le tirai vers la rive avec précaution. Dès qu'il mit le pied à terre, il s'écroula sur le sol car il fut exténué et tremblait de peur. La foule commença à l'entourer quand un homme âgé se dégaga et venait vers lui. Par bonheur, il parlait une langue proche de celle des Hindous que Sindbad comprendait. Il lui souhaita la bienvenue, ôte son manteau et l'en couvrait, montrant ainsi qu'il prend sous sa protection

1 point par verbe juste + 1 point pour la copie sans faute ■ Ma note : ..../ 20

POUR DIRE **6** **Racontez au passé un roman, une nouvelle ou un conte lu récemment. Utilisez convenablement l'imparfait et le passé simple.**

POUR ÉCRIRE **7** **Continuez le récit ci-dessus des aventures de Sindbad (exercice 5). Utilisez convenablement l'imparfait et le passé simple. Vous pouvez employer aussi quelques plus-que-parfaits, si c'est nécessaire.**

31 Les temps composés de l'indicatif et leurs emplois

d'autres exercices numériques
bordas.media/733822_060

Mon objectif : savoir conjuguer et employer les temps composés de l'indicatif

J'observe et je réfléchis

1 D'Espagne, l'empereur Charlemagne **est revenu** à Aix. Il monte au palais et entre dans la grande salle. Voici alors qu'une belle demoiselle, Aude, vient vers lui et lui dit : « Où est donc Roland, le capitaine, qui **a juré** de me prendre pour femme ? » Charles en a douleur et peine.

D'après *La Chanson de Roland*, XIe s.

a. **De quels éléments les verbes en gras (au passé composé) sont-ils composés ?**

....

....

b. **À quel temps sont les autres verbes de ce texte ?** ....

c. **Les verbes au passé composé situent-ils les faits de *revenir* et de *jurer* avant ☐ ou après ☐ les faits exprimés par les autres verbes ?**

J'apprends et je m'exerce

Les **temps composés** sont composés de l'**auxiliaire *être*** ou ***avoir*** et du **participe passé** du verbe.

temps composés	temps de l'auxiliaire	*parler*	*venir*
passé composé	présent	*j'ai parlé*	*je suis venu(e)*
futur antérieur	futur	*j'aurai parlé*	*je serai venu(e)*
plus-que-parfait	imparfait	*j'avais parlé*	*j'étais venu(e)*
passé antérieur	passé simple	*j'eus parlé*	*je fus venu(e)*

2 ** **Complétez le tableau en mettant les verbes à la personne demandée.**

temps composés	avoir	être	aller
passé composé	tu	j'..............................	elle ....
plus-que-parfait	vous	vous	nous ....
futur antérieur	j'..............................	elle	ils ....
passé antérieur	ils	ils	vous ....

3 **Mettez les phrases suivantes au passé composé.**

* **a.** Nina et Théo vont à la piscine et nagent pendant une heure.

....

** **b.** Lou est très efficace quand elle doit organiser un spectacle.

....

4 * **Mettez les verbes suivants au passé composé, à la première personne du singulier.**

Pour connaître la **dernière lettre** d'un participe passé masc. sing., il faut le mettre au féminin (→ p. 49).

écrire : j'.............................. • prendre : j'.............................. • faire : j'..............................
dormir : j'.............................. • lire : j'.............................. • arriver : je ....
savoir : j'.................. • comprendre : j'.............................. • devenir : je ....
permettre : j'.............................. • vivre : j'..............................

5 * **Mettez ces verbes à la personne indiquée du futur antérieur.**

savoir : j'.............................. • dire : nous .... • offrir : tu..............................

tomber : elles .... • vouloir : ils ....

6 ** **Mettez ces verbes au plus-que-parfait et au passé antérieur, à la personne indiquée.**

faire : tu .... • rester : ils ....

rejoindre : elle .... • lire : nous ....

- Généralement, **les temps composés expriment des faits antérieurs**, c'est-à-dire des faits situés **avant** d'autres faits exprimés dans la phrase par un temps **simple**.
*Je **lis** (aujourd'hui) le livre que j'**ai acheté** (hier).*
*Je te **téléphonerai** quand j'**aurai fini** mes devoirs.* (Je finis mes devoirs, puis je te téléphone.)

7 * **Mettez chaque verbe entre parenthèses au temps composé qui convient. Soulignez le verbe au temps simple.**

1. Le bûcheron sciait l'arbre que la tempête (déraciner) ....
2. Je n'arrive pas à lire ce que tu (écrire) ....
3. Quand ils (finir) .... de pique-niquer, ils nettoyèrent le lieu.
4. Tu rangeras ta chambre quand tu (faire) .... tes devoirs.
5. Elle essayait le vêtement qu'elle (acheter) ....

Le verbe de la subordonnée doit être à un **temps composé**.

8 * **Réécrivez la phrase en mettant le verbe en gras : a. à l'imparfait, b. au futur.**

Je **fais** ce que tu m'as demandé.

a. ....

b. ....

9 ** **Complétez ces phrases qui doivent toutes contenir un temps simple et un temps composé. Soulignez les temps composés.**

1. .... quand le printemps sera revenu.
2. Elle ne savait pas que ....
3. .... que je trouve très amusantes.
4. Quand ils eurent repris des forces, ...

- Le **passé composé** remplace le **passé simple** dans la langue **orale** ou dans la langue écrite proche de l'oral.
Nous attendîmes longtemps, puis nous repartîmes.
—> *Nous **avons attendu** longtemps, puis nous **sommes repartis**.*

10 * **Réécrivez ce texte en remplaçant les passés simples par des passés composés. Les autres temps ne changent pas.**

Je descendis chercher dans mon coffre un mouchoir qui appartenait à ma mère. Je l'utilisai pour bander la plaie que mon compagnon avait à la cuisse. Je le persuadai ensuite de prendre un peu de nourriture et de boire quelques gorgées. Il commença dès lors à se sentir mieux, se tint plus droit et parut un autre homme.

D'après Robert Louis Stevenson, *L'Île au trésor*, 1883.

....

....

....

....

....

....

J'utilise ce que j'ai appris…

POUR LIRE **11**

La nuit était très froide et l'eau du vivier avait gelé. On y voyait un trou que les paysans avaient fait dans la glace pour que leurs bêtes viennent s'y abreuver. Ysengrin, le loup, qui désirait pêcher dans le vivier dit à Renart : « Frère Renart, prenez donc ce seau que j'ai trouvé près du trou et attachez-le-moi solidement à la queue. Quand des poissons seront entrés dedans, je le tirerai et nous partagerons notre pêche. » Renart prit le seau et le noua solidement à la queue de son compère. Quand il eut fini, il alla se cacher, riant sous cape. En effet, le froid était si vif que l'eau gela autour du seau, emprisonnant le malheureux Ysengrin.

D'après *Le Roman de Renart*, 1555.

a. **Relevez les 5 verbes à un temps composé.** **b.** **Précisez leur temps.** **c.** **Indiquez par rapport à quel(s) verbe(s) au temps simple ils expriment un fait antérieur.**

1. a. .... **b.** .... **c.** ....

2. a. .... **b.** .... **c.** ....

3. a. .... **b.** .... **c.** ....

4. a. .... **b.** .... **c.** ....

5. a. .... **b.** .... **c.** ....

1 point par réponse juste pour a. et c. + 2 points pour b. ■ **Ma note : .... / 20**

POUR DIRE **12** **Dites chacun(e) une phrase contenant un temps simple et le temps composé correspondant. Variez les temps et proposez des phrases originales.**

POUR ÉCRIRE **13** **Imaginez que Ysengrin (exercice 11) a réussi à se libérer de la glace et qu'il fait des reproches à Renart. Rédigez votre texte en utilisant des passés composés, mais aussi d'autres temps : imparfait, plus-que-parfait…**

Autoévaluation

	Oui	Non
J'ai traité le sujet : la libération d'Ysengrin.		
J'ai introduit dans mon récit des reproches sous forme de dialogues.		
J'ai employé des passés composés dans les dialogues.		
J'ai employé d'autres temps dans le récit : passé simple, imparfait, plus-que-parfait.		

J'ai obtenu :
■ **1 oui** = Je relis attentivement la consigne et je remanie profondément mon récit.
■ **2 oui** = Je fais les corrections nécessaires. ■ **3 oui** = C'est bien. ■ **4 oui** = Bravo !

Dans tous les cas, je relis mon brouillon et perfectionne mon récit.

32 L'impératif présent et ses emplois

Mon objectif : savoir former, orthographier et employer l'impératif

d'autres exercices numériques
bordas.media/733822_063

J'apprends et je m'exerce

- L'**impératif** se conjugue seulement à la 2e personne du singulier, à la 1re et à la 2e personne du pluriel. Son sujet n'est jamais exprimé.
- Au **présent** de l'impératif, les verbes du 1er groupe ont les terminaisons *-e, -ons, -ez* : *parler : parle, parlons, parlez.*
- Les autres verbes ont les mêmes terminaisons qu'à l'indicatif présent : *prendre : prends, prenons, prenez.*
- Voici quelques **verbes irréguliers** : *être : sois, soyons, soyez ; avoir : aie, ayons, ayez ; savoir : sache, sachons, sachez ; aller : va, allons, allez ; vouloir : veuillez.*

1 * **Conjuguez ces verbes aux trois personnes de l'impératif présent.**

1. espérer : ……………… 2. dire : ………………
3. boire : ……………… 4. subir : ………………
5. faire : ……………… 6. jeter : ………………

Les verbes du 1er groupe et *aller* prennent un ***s*** quand ils sont suivis de ***y*** ou de ***en*** : *parles-en* ; *vas-y* (mais : *va-t'en*).

2 * **Remplacez les mots soulignés par *en* ou *y*.**

1. Reste où tu es. ……………… 2. Achète des fleurs. ………………
3. Va dans ta chambre. ……………… 4. Profite du beau temps. ………………

- Lorsqu'un impératif est **suivi** d'un ou deux **pronoms personnels**, ceux-ci sont précédés d'un **trait d'union** : *donnez-les-moi* (mais : *donne-m'en*).

3 ** **Remplacez les compléments soulignés par des pronoms personnels.**

1. Écoute le chant du merle. ……………… 2. Prêtez-nous vos stylos. ………………
3. Donnez-moi de l'eau. ……………… 4. Rends ce livre à ta sœur. ………………

- L'impératif sert à exprimer un **ordre** ou une **interdiction**, mais aussi un **conseil**, un **encouragement** (à la 1re personne du pluriel), etc.

4 * **Soulignez les impératifs. Indiquez leur valeur : ordre, interdiction, conseil, encouragement.**

1. Appelle-moi si tu as besoin d'aide. ……………… • 2. Tais-toi ! ………………
3. Persévérons ; nous y sommes presque ! ………………
4. Ne courez pas. ………………

5 ** **Reformulez ces phrases en les transformant en phrases à l'impératif.**

1. Vous devez être plus attentifs. ……………… • 2. Tu dois rejoindre tes amis. ……………… • 3. Tu dois avoir confiance en toi. ……………… • 4. Tu dois y aller. ……………… • 5. Il faut que vous me le redisiez. ………………

2 points par réponse juste ■ Ma note : ………… / 10

ÉCRIRE **6** **Merlin l'enchanteur prépare une potion magique ; rédigez-en la recette en mettant les verbes à l'impératif singulier.**

33 Le conditionnel et ses emplois

d'autres exercices numériques
bordas.media/733822_064

Mon objectif : **savoir conjuguer et employer le conditionnel**

J'observe et je réfléchis

1 – Ami, que **feriez**-vous si vous faisiez rencontre d'un chevalier qui vous frappait ?
– Je le **frapperais** aussi !
– Et si votre lance se brisait ?
– Je **courrais** sus et le **frapperais** des poings. Que faire d'autre ?
– Ami, c'est ce qu'il ne faut point faire.

CHRÉTIEN DE TROYES, *Perceval*, ou *Le Roman du Graal*, 1181, trad. J.-P. Foucher et A. Ortais, © Gallimard, 1992.

a. Associez chaque forme verbale à son temps et son mode.

frapper •	• imparfait de l'indicatif
frappais •	• présent du conditionnel
frapperai •	• infinitif
frapperais •	• futur de l'indicatif

b. Les verbes en gras, au conditionnel présent, expriment-ils des faits réels ☐ ou supposés ☐ ?

J'apprends et je m'exerce

- Le **conditionnel présent** est formé sur le même **radical** que le **futur** de l'indicatif, avec des terminaisons identiques à celles de l'**imparfait**.
Savoir : je saurais, tu saurais, il saurait, nous saurions, vous sauriez, ils sauraient.

Attention à **ne pas confondre** conditionnel présent, imparfait et futur de l'indicatif.

2 * **Dans la liste suivante, surlignez l'intrus et justifiez votre réponse.**

je verrais, je comprendrais, je dirais, je grandirais, je préparais, je répondrais, je suivrais.

....

3 **Mettez ces verbes au présent du conditionnel.**

* **a.** jeter : je .... • faire : tu .... • semer : nous ....
tenir : vous .... • peler : tu ....

** **b.** employer : nous .... • valoir : ils ....
appeler : j'........................ • créer : vous ....
appuyer : vous .... • revoir : tu ....

4 ** **Complétez le tableau suivant.**

infinitif	imparfait de l'indicatif	futur de l'indicatif	présent du conditionnel
croire	nous	nous	nous ....
nourrir	tu	tu	tu ....
courir	je	je	je ....
mourir	ils	ils	ils ....
remuer	elle	elle	elle ....

- Le conditionnel passé est composé de l'**auxiliaire** *être* ou *avoir* au **conditionnel présent** et du **participe passé** du verbe. *Prendre : j'aurais pris. Venir : je serais venu(e).*

5 Mettez ces verbes au passé du conditionnel à la personne demandée.

* a. prendre : tu .... • savoir : ils ....
arriver : elle ....
** b. devoir : nous .... • vivre : vous ....
se lever : ils .... • dire : nous ....

- Le conditionnel peut être employé pour exprimer un fait incertain :
souhaité : *Tu deviendrais raisonnable.* • **possible, mais incertain** : *On aurait aperçu une panthère.* • **dépendant d'une condition** : *Avec plus de temps, je finirais mon travail.*
- Il peut atténuer un **ordre**, une **demande** ou un **conseil**.
Aidez-moi. → *Pourriez-vous m'aider ?* ou *Je voudrais que vous m'aidiez.*

6 ** Surlignez les verbes au conditionnel et associez-les à leur valeur.

1. Le verglas serait à l'origine de l'accident. •
2. Je vivrais sur une île déserte et je serais enfin tranquille. •
3. On aurait peut-être découvert une hutte préhistorique. •
4. Si nous avions un parasol, il nous abriterait du soleil. •
5. Tu devrais manger des légumes verts. •
6. Si elle arrivait à temps, nous irions au cinéma. •

• souhait
• fait incertain
• ordre atténué
• condition

J'utilise ce que j'ai appris...

POUR LIRE 7 *(Robinson se demande comment il pourra mettre à l'eau le bateau qu'il a construit.)*

On pourrait croire que ces dernières réflexions me seraient venues à l'esprit pendant mes travaux pour la construction de mon canot, et que je me serais demandé comment je le lancerais à la mer. Mais non ; mes pensées étaient si entièrement fixées sur mon voyage dans cette embarcation, que je ne songeais nullement à la manière de lui faire quitter la terre.

Daniel Defoe, *Robinson Crusoé*, 1719.

a. Soulignez les verbes au présent du conditionnel et entourez ceux au passé du conditionnel.

b. Ces verbes expriment-ils des faits certains ou incertains ? ....

POUR DIRE 8 Répondez, en utilisant des conditionnels, à la question :
« Que ferais-tu si tu pouvais te rendre invisible ? »

POUR ÉCRIRE 9 Écrivez un paragraphe commençant par « Si je me trouvais sur une île déserte... ». Vous emploierez au présent du conditionnel cinq des verbes suivants : *courir, voir, pouvoir, vérifier, essayer, employer, déblayer, appeler, se nourrir, construire.*

Autoévaluation

	Oui	Non
J'ai imaginé que je me trouvais sur une île déserte.		
J'ai utilisé de nombreux verbes au conditionnel.		
J'ai utilisé cinq des verbes proposés.		
J'ai vérifié les terminaisons de ces verbes.		

J'ai obtenu :
- **1 oui** = Je relis attentivement la consigne et je remanie profondément mon récit.
- **2 oui** = Je fais les corrections nécessaires.
- **3 oui** = C'est bien. **4 oui** = Bravo !

Dans tous les cas, je relis mon brouillon et perfectionne mon récit.

34 Le subjonctif présent et ses emplois

d'autres exercices numériques
bordas.media/733822_066

Mon objectif : savoir conjuguer et employer le présent du subjonctif

J'observe et je réfléchis

1 *(Gornemant de Goort donne quelques conseils à Perceval.)*

« Qu'il vous **souvienne**, mon ami, si d'aventure il vous faut combattre quelque chevalier, des instructions pressantes que je vais vous donner : si vous avez le dessus au point que votre adversaire ne **puisse** plus se défendre et qu'il lui **faille** demander grâce, ne le tuez pas délibérément. »

Chrétien de Troyes, *Le Conte du Graal*, 1180, trad. J. Ribard, © Honoré Champion, 1997.

a. **Donnez l'infinitif des verbes en gras :** ....

b. **Les faits exprimés par ces verbes expriment-ils des actions réalisées ou possibles ?**

....

J'apprends et je m'exerce

- Au subjonctif présent, tous les verbes ont les terminaisons *-e, -es, -e, -ions, -iez, -ent*, sauf *être* et *avoir*.
Dire : que je dise, que tu dises, qu'il dise, que nous disions, que vous disiez, qu'ils disent.
Être : que je sois, que tu sois, qu'il soit, que nous soyons, que vous soyez, qu'ils soient.
Avoir : que j'aie, que tu aies, qu'il ait, que nous ayons, que vous ayez, qu'ils aient.

2 * **Ces formes verbales sont au présent de l'indicatif. Mettez-les au présent du subjonctif, en les faisant précéder mentalement de *Il faut que*.**

je prends : que je .... • tu sais : que tu .... • je suis : que je .... • elles naissent : qu'elles .... • je fais : que je .... • tu veux : que tu .... • vous dites : que vous .... • nous suivons : que nous .... • il va : qu'il ....

3 ** **Mettez les verbes au présent du subjonctif à la première personne du pluriel.**

lire : .... • payer : ....
crier : .... • avoir : ....
aller : .... • broyer : ....

- Pour bien **repérer** et bien **orthographier** un présent du subjonctif, on remplace le verbe par un verbe du 3e groupe (*faire, savoir*...).
Je vois qu'il sourit. → *je vois qu'il fait, qu'il sait...* → indicatif
Je voudrais qu'il sourie. → *Je voudrais qu'il fasse, qu'il sache...* → subjonctif
Je trouve que tu chantes fort. → *Je trouve que tu fais, que tu sais...* → indicatif
J'aimerais que tu chantes fort. → *j'aimerais que tu fasses, que tu saches...* → subjonctif

4 * **Complétez les terminaisons et soulignez les verbes au présent du subjonctif.**

1. Je sais que tu me croi....... • 2. J'aimerais que tu me croi....... • 3. Il faut absolument que tu voi...... ce film. • 4. Voi......-tu bien de loin ? • 5. Je voudrais qu'il ri...... quand je raconterai cette histoire. • 6. Ses parents veulent qu'elle étudi...... le chinois.

- Le subjonctif s'emploie principalement dans les propositions **subordonnées** : il exprime une action dont la réalisation est soumise à une **volonté**, un **souhait**, une **crainte**…
*Il veut que nous l'**aidions**.*
- Dans les propositions **indépendantes** ou **principales**, le subjonctif exprime notamment l'**ordre** ou l'**interdiction** (*Qu'il vienne. Qu'il ne vienne pas.*), le **souhait** (*Pourvu qu'il vienne.*).

5 * **Soulignez les verbes au subjonctif et indiquez ce qu'ils expriment.**

1. Qu'il ne refasse plus jamais cette farce idiote ! ……………………
2. Pourvu que je sois sélectionné. ……………………
3. Qu'on avertisse chacun immédiatement. ……………………
4. Que la guerre cesse enfin. ……………………
5. Qu'on ne touche à rien ! ……………………

6 ** **Réécrivez ces vers extraits du poème « Pour faire le portrait d'un oiseau » de Jacques Prévert, en commençant par *Il faut que vous* ou *Il ne faut pas que vous*.**

1. Peindre d'abord une cage / avec une porte ouverte. → ……………………
……………………
2. Ne pas se décourager. → ……………………
3. Attendre s'il faut pendant des années. → ……………………
……………………
4. Faire ensuite le portrait de l'arbre. → ……………………
……………………

J'utilise ce que j'ai appris…

POUR LIRE **7** HARPAGON. – Hors d'ici tout à l'heure, et qu'on ne réplique pas ! Allons, que l'on détale de chez moi, maître juré filou, vrai gibier de potence ! […]
LA FLÈCHE. – Qu'est-ce que je vous ai fait ?
HARPAGON. – Tu m'as fait que je veux que tu sortes.

MOLIÈRE, *L'Avare*, 1668.

a. **Surlignez les verbes au subjonctif employés dans des propositions indépendantes. Justifiez leur emploi.** ……………………
b. **Entourez le verbe au subjonctif employé dans une proposition subordonnée. Justifiez son emploi.** ……………………

POUR DIRE **8** **Réfléchissez à la manière de rendre plus agréables les conditions de vie à l'intérieur du collège. Chacun(e) fait une proposition commençant par : « Il faudrait que… » suivi du subjonctif.**

POUR ÉCRIRE **9** **Exprimez les désirs, les souhaits que vous avez pour l'avenir de notre planète. Votre paragraphe contiendra trois phrases commençant par *Je voudrais que, J'aimerais que, Je souhaiterais que*.**

Autoévaluation	Oui	Non
J'ai traité le thème : l'avenir de la planète.		
J'ai exprimé mes désirs et mes souhaits.		
J'ai rédigé 3 phrases commençant de la manière indiquée.		
J'ai employé des subjonctifs dans ces phrases.		

J'ai obtenu :
- 1 oui = Je relis attentivement la consigne et je remanie profondément mon récit.
- 2 oui = Je fais les corrections nécessaires.
- 3 oui = C'est bien. ■ 4 oui = Bravo !

Dans tous les cas, je relis mon brouillon et perfectionne mon récit.

35 L'infinitif, le participe et leurs emplois

d'autres exercices numériques
bordas.media/733822_068

Mon objectif : identifier et employer les modes impersonnels : infinitif et participe

J'observe et je réfléchis

1 Philéas Fogg n'eut pas le temps d'**arrêter** le courageux garçon, qui, **ouvrant** une portière sans être vu des Indiens, parvint à **se glisser** sous le wagon. **Se faufilant**, **s'accrochant** aux chaînes, **rampant** d'une voiture à l'autre avec une adresse merveilleuse, il gagna ainsi l'avant du train.

D'après Jules VERNE, *Le Tour du monde en 80 jours*, 1872.

a. Quelle est la caractéristique des formes verbales en gras ?

Elles s'accordent ☐ **Elles sont invariables** ☐ **Elles se conjuguent** ☐

b. Entourez le noyau des groupes de mots soulignés.

J'apprends et je m'exerce

- L'**infinitif** est un **mode impersonnel** qui comprend deux temps :
  – un temps **simple**, appelé **infinitif présent** : *donner, partir*
  – et un temps **composé**, appelé **infinitif passé** : *avoir donné, être parti(e).*
- L'**infinitif passé** situe les faits **avant** le fait principal.
  Il espère avoir réussi son contrôle. (*avoir réussi* se situe avant *espère*).

2 ** **À côté de chaque verbe en gras, mettez un numéro correspondant à sa situation dans le temps.**

Il **avait décidé** ☐ d'**aller** ☐ chez un camarade, après **avoir fini** ☐ ses devoirs.

- Un verbe à l'infinitif (ou un **groupe infinitif**) peut être l'équivalent d'un **groupe nominal** et avoir les **mêmes fonctions** que ce groupe nominal.
  Il aime regarder les étoiles. → *regarder les étoiles* : COD du verbe *aimer*.

3 * **Soulignez les infinitifs et les groupes infinitifs. Donnez leur fonction.**

1. Ils ont renoncé à partir à l'étranger. ....
2. Insister serait inutile. ....
3. Nous ramassons du bois mort pour faire du feu. ....
4. Après avoir dit la vérité, il se sentit soulagé. ....

Quand un infinitif a des compléments, il est le noyau d'un **groupe infinitif**.

- L'infinitif peut être l'équivalent d'un **verbe conjugué à un mode personnel**. Il exprime alors un **ordre**, un **conseil** ou une **défense** (*Ne pas fumer*), une **interrogation** (*Que faire ?*), une **exclamation** (*Renoncer !*).

4 * **Associez les infinitifs à ce qu'ils expriment.**

1. Quelle décision prendre ? •	• un ordre
2. Éteindre les lumières en partant. •	• un conseil
3. Moi, sauter en parachute ! •	• une interrogation
4. Lire attentivement le mode d'emploi. •	• une exclamation

- Le **participe** est un **mode impersonnel**.
  – Le **participe présent** situe les faits **en même temps** que le fait principal ; il est invariable.
  J'écoute la pluie tombant sur le toit.
  – Le **participe passé** est notamment employé pour former les **temps composés** ;
  il s'accorde parfois. Pour l'accord du participe passé → p. 82.
  La pluie est tombée en abondance cette nuit.

5 * **Entourez les participes présents et soulignez les participes passés.**

1. S'avançant sur la scène, Sami et Matthieu entonnèrent le chant qu'ils avaient choisi pour l'occasion. • 2. Nous avons déjeuné dans un restaurant qui nous a servi des plats délicieux. • 3. J'ai pris mes jumelles pour observer les oiseaux nichant dans les rochers.

Quand un participe a des compléments, il est le noyau d'un **groupe participial**.

- Le **participe** et le **groupe participial** peuvent être l'équivalent d'un **adjectif** dont ils ont les fonctions. *Il semble déçu.* → *déçu* : attribut du sujet *Il*.

6 ** **Soulignez le participe et les groupes participiaux. Entourez le mot auquel ils se rapportent. Dites s'ils sont épithètes ou attributs du sujet.**

1. Les visiteurs admiraient les tableaux accrochés aux murs. ....
2. Les élèves participant au cross ont rendez-vous à 14 h. ....
3. Les volets de la maison restent clos. ....

J'utilise ce que j'ai appris...

POUR LIRE **7** Devisant de la sorte, nous entrâmes à Ille, et je me trouvai bientôt en présence de M. de Peyrehorade. [...] Avant d'avoir ouvert la lettre de M. de P., il m'**avait installé** devant une table bien servie, et m'**avait présenté** à sa femme et à son fils comme un archéologue illustre, qui devait tirer le Roussillon de l'oubli où le laissait l'indifférence des savants.

Prosper Mérimée, *La Vénus d'Ille*, 1837.

a. **Relevez le participe présent :** ....
les participes passés : .... /5

b. **Relevez un infinitif présent :** ....
un infinitif passé : .... /2

c. **Donnez la nature des groupes de mots soulignés.**
Devisant de la sorte : ....
Avant d'avoir ouvert la lettre de M. de P. : .... /2

d. **À quel temps composé sont les formes verbales en gras ?**
.... /1

Ma note : .... **/ 10**

POUR DIRE **8** **Relisez l'épisode du *Roman de Renart*, page 62. Chacun(e) prend la parole, à son tour, pour relever : les infinitifs, le groupe infinitif, les participes présents, les groupes participes (présent), les participes passés.**

POUR ÉCRIRE **9** **Vous décrivez à des camarades l'itinéraire pour venir du collège jusque chez vous. Les phrases auront pour noyau verbal un infinitif.**

Évaluation

36 Le verbe

Mon objectif : évaluer mes connaissances sur le verbe : temps, modes, valeurs

Je récapitule mes connaissances

1 Je complète les schémas avec les formes du verbe *voir*.

Les modes personnels

indicatif

temps simples	temps composés
présent	**passé composé**
il	*elle a* ....
....	**futur antérieur**
elle ver................	*il* .... *vu*
imparfait	....
il	*elle avait vu*
passé simple	**passé antérieur**
elle	*il eut* ....

....

................., ..., *voyez*

subjonctif présent

qu'il voi...................

conditionnel

présent

je verr ....

passé

j' .... *vu*

Les modes impersonnels

infinitif

présent

....

passé

.... *vu*

participe

présent

....

passé

....

Je teste mes connaissances

2 **a.** **J'indique le mode, le temps et la personne des formes verbales suivantes.**

Nous avions proposé : ....

Elle raconterait : ....

Qu'il revienne : ....

Dépêchez-vous : ....

Elles seront revenues : ....

J'aurais décidé : ....

b. **J'indique le mode et le temps de cette forme verbale.**

sifflotant : ....

0,5 point par réponse juste ■ Ma note : .... / 10

J'applique mes connaissances...

POUR LIRE 3

– Si cette bête n'a pas bu, il faut qu'elle boive.
Puis, regardant autour d'elle :
– Eh bien, où est donc cette autre ?
Elle se pencha et découvrit Cosette blottie à l'autre bout de la table, presque sous les pieds des buveurs. [...] La Thénardier ouvrit toute grande la porte de la rue.
– Eh bien, va chercher de l'eau !
Cosette baissa la tête, et alla **prendre** un seau vide qui était au coin de la cheminée. Ce seau était plus grand qu'elle, et l'enfant aurait pu s'asseoir dedans et y tenir à l'aise. La Thénardier se remit à son fourneau, et goûta avec une cuillère de bois ce qui était dans la casserole, tout en grommelant.

D'après **Victor Hugo**, *Les Misérables*, 1862.

1. **Mettez le verbe en gras à la 1re personne du singulier des 4 temps simples de l'indicatif.** 4 points

....

....

....

....

2. **Relevez :** 6 points
   - un conditionnel : ....
   - un subjonctif : ....
   - un impératif : ....
   - un infinitif : ....
   - un participe présent : ....
   - un participe passé : ....

3. **Relevez 2 verbes au présent de l'indicatif.** .... 2 points

4. **Ces verbes au présent sont-ils dans des phrases de récit ou de dialogue ? Pourquoi ?** 4 points

....

....

5. **Indiquez le temps des verbes soulignés et justifiez ce temps.** 4 points

....

....

Ma note : .... / 20

POUR DIRE 4 **Imaginez et racontez ce qui a précédé l'épisode ci-dessus, en variant le plus possible les modes et les temps. Vous pouvez inventer des dialogues.**

Évaluation collective : **10 points** : conformité avec le texte de Victor Hugo (exercice 3) qui doit en être la suite logique
10 points : variété dans l'emploi des modes et des temps

Notre note : .... / 20

POUR ÉCRIRE 5 **Un chevalier en armure traverse une forêt, à cheval. Il fait une rencontre étonnante ou dangereuse. Racontez cet épisode au passé en intégrant quelques répliques de dialogue. Variez les temps et les modes.**

1. Tenez compte de chaque élément de la consigne pour traiter le sujet. 5 points
2. Composez un récit intéressant, contenant un dialogue. 6 points
3. Choisissez convenablement les temps qui conviennent à un récit au passé et les temps qui conviennent dans un dialogue. 5 points
4. Vérifiez que vous avez varié les modes. 4 points

Ma note : .... / 20

Évaluation des compétences travaillées

➥ Identifier les principaux temps et modes
➥ Identifier le lien entre le temps, le mode et le sens

Ma note globale : .... / 70
- Entre 0 et 17 : maîtrise insuffisante.
- Entre 18 et 35 : maîtrise fragile.
- Entre 36 et 53 : maîtrise satisfaisante.
- Entre 54 et 70 : très bonne maîtrise.

Reportez les résultats de l'évaluation p. 128.

37

Préparation à la dictée

Sur l'île au trésor

Mon objectif : mettre en pratique mes connaissances d'orthographe grammaticale et lexicale

1. Je prépare la dictée

Orthographe grammaticale

1. Pour choisir entre -*ai* (passé simple) et -*ais* (imparfait), on met le verbe à la 3e personne du singulier (→ pp. 58 et 87). Complétez chaque verbe avec -*ai* ou -*ais*.

J'observ.......... depuis un moment le paysage, quand je remarqu.......... une chose insolite.

Un cri retentit et je me lev.......... d'un bond. • Tous les étés j'all.......... à la campagne.

2. Attention ! Un sujet peut être inversé. Complétez les verbes.

La forêt abrit.......... des animaux. Dans chaque arbre nich.......... des oiseaux.

3. *ça* peut être remplacé par *cela* ; on rencontre *çà* dans l'expression *çà et là*. (→ p. 84) **Complétez cette phrase.**

Regarde .... : de grandes fleurs bleues poussent .... et là dans la prairie.

Conjugaison

4. Conjuguez le verbe *paraître* au passé simple. (→ p. 57)

je .... tu .... il, elle ....

nous .... vous .... ils, elles ....

Orthographe lexicale

5. Complétez ces mots avec un ou deux *f*.

sou..........ler • si..........ler • ron..........ler

2. J'écris la dictée

....

....

....

....

....

....

....

....

Robert Louis Stevenson, *L'Île au trésor*, trad. J. Papy, © Gallimard, 1999.

3. Je corrige mes fautes

Distinguez les fautes d'**accord**, de **conjugaison** et d'orthographe d'**usage**.

....

....

....

....

....

....

J'évalue ma dictée

2 points par faute de grammaire ou de conjugaison, 1 point par faute d'usage, 0,5 point par faute de ponctuation, d'accent d'usage, de majuscule.

Ma note : .... /20

Méthode

38 Comment se relire pour éviter les fautes d'orthographe ?

Mon objectif : maîtriser la technique de relecture des textes, pour corriger mes écrits

1. Pour éviter les fautes d'accord, je pense à accorder

- **les verbes avec leur sujet** : questions ***Qui est-ce qui ?*** ou ***Qu'est-ce qui ?*** + verbe
  *Ils nous **avertiront**.*
- **les adjectifs** : questions ***Qui est-ce qui est ?*** ou ***Qu'est-ce qui est ?*** + adjectif
  Une liste d'élèves incomplète.
- **les participes passés**
  - employés avec ***être***, **accord** avec le **sujet**
    *Les bateaux sont **repartis**.*
  - employés avec ***avoir***, aucun accord avec le **sujet**
    aucun accord avec le **COD** placé **après le verbe**,
    accord avec le **COD** placé **avant le verbe** (→ p. 83)
    *J'ai vu des dauphins. → Les dauphins que j'ai **vus** ont **suivi** le bateau.*
    S COD S COD COD

2. Je différencie les mots qui se ressemblent

- **les terminaisons verbales**
  - ***ai/ais***, ***rai/rais*** → Je mets le **verbe** à la **3e personne du singulier**.
    *Soudain, je **criais**/**criai** [?]. → il **cria** [passé simple] → je criai*
  - ***é(e)***, ***é(e)s/er*** → Je remplace le **verbe** par *prendre, venir…*
    *Ils vont **arriver**/**arrivés** [?]. → Ils vont **venir**. [infinitif] → arriver*
- **les homonymes, tels que *a/à*, *ou/où*, *et/est*…** → Je fais des **remplacements** :
  a → avait • ou → ou bien • est → était, etc.
  *Tu es **à**/**a** l'heure [?]. → ~~avait~~ l'heure → Tu es à l'heure.*

3. J'évite les fautes d'orthographe lexicale

- **Je trouve la lettre finale** → Je cherche des mots de la **même famille**.
  galoper → galop • discrétion → discret
- **J'écris correctement les mots longs.**
  - Je les **détache** syllabe par syllabe :
    *im/per/mé/a/bi/li/té → **imperméabilité***
  - Je les décompose en préfixe, radical, suffixe :
    *in/évit/able/ment → **inévitablement***

Je vérifie si j'ai compris

Je corrige ce texte en appliquant la méthode conseillée.

Ils ont découverts un passage secré a l'intérieur de la cave et ils son parti dans l'étroi tunnel. Ils sont arriver dans une salle particulièrment obscur et humide. Ils se demandait ou les mèneraient leur exepédition.

………………………………………………………………………………………………

………………………………………………………………………………………………

………………………………………………………………………………………………

En résumé

Relire, c'est **se poser des questions** et y **répondre** : Quel est le sujet ? À quel nom se rapporte l'adjectif ? Par quel autre mot puis-je remplacer tel mot ? Etc.

Vérifiez que vous avez bien compris en complétant la fiche imprimable.

bordas.media/733822_073

39 Le féminin et le pluriel des noms

d'autres exercices numériques
bordas.media/733822_074

Mon objectif : orthographier les noms selon leur genre et leur nombre

J'observe et je réfléchis

1 Te regardant assise auprès de ta **cousine**
Belle comme une Aurore, et toi comme un Soleil,
Je pensais voir deux **fleurs** d'un même **teint** pareil,
Croissantes en beauté, l'une à l'autre voisine.

RONSARD, *Sonnets pour Hélène*, 1578.

a. Quel est le masculin du mot *cousine* ? ....

le féminin du mot *teint* ? ....

b. Comment se forme le féminin de ces mots ? ....

c. Comment le pluriel *fleurs* est-il formé ? ....

J'apprends et je m'exerce

- Le féminin des noms se caractérise le plus souvent par une terminaison en *-e* ajoutée au masculin : *un employé, une employée* • *un voisin, une voisine*.

Certains noms **masculins** se terminent par un *-e*. N'hésitez pas à consulter un dictionnaire.

2 * **Mettez ces noms au féminin.**

un client : une .... • un ami : une ....
un enfant : une .... • un concierge : une ....
un ours : une .... • un délégué : une ....

- Les noms en *-on* et *-en* doublent la consonne finale :
un lion → une lionne ; un chien → une chienne.

3 **Donnez le féminin de ces noms.**

* **a.** un magicien : une .... • un patron : une .... un baron : une .... • un châtelain : une .... • un gardien : une .... • un citadin : une .... • un pharmacien : une .... • un orphelin : une ....

** **b.** un paysan : une .... • un physicien : une .... un sultan : une ....

- Pour certains noms, la terminaison est **modifiée** :
– noms en *-eur* → *-euse*, *-resse* ou *-rice* : *coiffeur → coiffeuse ; docteur → doctoresse ; tuteur → tutrice*
– noms en *-er* → *-ère* : *boulanger → boulangère ; épicier → épicière*
– noms en *-eau* → *-elle* : *agneau → agnelle*

4 * **Donnez le féminin de ces noms.**

noms masculins	noms féminins	noms masculins	noms féminins
un danseur	....	un chanteur	....
un inspecteur	....	un charcutier	....
un étranger	....	un banquier	....
un jumeau	....	un empereur	....

- Certains noms **modifient la consonne finale** : *un veuf → une veuve*.
Certains noms ont un **radical différent** au masculin et au féminin : *oncle → tante ; roi → reine*.

5 * **Donnez le féminin de ces noms.**

un neveu : une .... • un parrain : une .... • un dieu : une .... un singe : une .... • un loup : une .... • un époux : une ....

- Le **pluriel** se caractérise le plus souvent par une terminaison en *-s* ajoutée au singulier : *un livre, des livres*. Mais les noms terminés par *-s, -x, -z* ont la même terminaison au singulier et au pluriel : *des souris, des choix, des gaz*.

6 * **Mettez ces noms au pluriel.**

une maison : .... • un index : .... • un discours : .... • un nez : .... • une paroi : .... • un puits : ....

- **Cas particuliers.** Noms en :
-al → -aux : *des chevaux* (sauf : *bal, carnaval, chacal, étal, festival, récital, régal → -als*)
-ail → -aux : *des coraux* (sauf : *portail, épouvantail... → -ails*)
-au, -eau, -eu → -aux, -eaux, -eux : *des tuyaux, des eaux, des feux* (sauf : *landau, bleu, pneu → -us*)
-ou → -ous : *des bambous* (sauf : *bijou, caillou, chou, genou, hibou, joujou, pou → -oux*)

Certains noms sont **différents** au singulier et au pluriel : *un monsieur → des messieurs.*

7 ** **Mettez ces noms au pluriel.**

un amiral : .... • un hibou : .... • un rail : .... un œil : .... • un aïeul : .... • un landau : .... • un dieu : .... • un verrou : .... • un ciel : .... • un émail : ....

J'utilise ce que j'ai appris...

8 * **a. Réécrivez les phrases en mettant les noms au féminin.**

1. Le neveu de l'empereur sera chanteur, banquier ou navigateur.

....

2. Ce garçon a un cheval. ....

** **b. Relevez les noms, en mettant au pluriel ceux qui sont au singulier et inversement.**

Il suivait d'un œil attentif le chemin plein de creux et de bosses. En tombant dans un trou, il s'écorcha un genou et se fit un bleu.

....

....

POUR DIRE **9** **Choisissez un couple de noms masculin/féminin. Leur différence d'orthographe doit être sensible à l'oral. Proposez deux phrases contenant ces mots. Faites de même avec des couples de noms singulier/pluriel.**

POUR ÉCRIRE **10** **Imaginez une histoire fantaisiste mais cohérente dans laquelle vous emploierez au pluriel les mots suivants : *éventail, bal, carnaval, bijou, verrou, pneu.***

1 point par mot juste + 4 points pour la qualité de l'histoire ■ Ma note : .... / 10

40 Le féminin et le pluriel des adjectifs

d'autres exercices numériques
bordas.media/733822_076

Mon objectif : orthographier les adjectifs selon leur genre et leur nombre

J'observe et je réfléchis

1 Quand vous serez bien vieille, au soir à la chandelle,
Assise auprès du feu, dévidant et filant,
Direz, chantant mes vers, en vous émerveillant :
« Ronsard me célébrait, du temps que j'étais belle. »

RONSARD, *Sonnets pour Hélène*, 1578.

a. **Soulignez les deux adjectifs qualificatifs et le participe passé employé comme adjectif. b. Placez-les dans ce tableau.**

masculin singulier	masculin pluriel	féminin singulier	féminin pluriel
....	....	....	....
....	....	....	....
....	....	....	....

J'apprends et je m'exerce

- Le **féminin** des adjectifs se caractérise le plus souvent par une terminaison en *-e* ajoutée au masculin : *content* → *contente*.
- Le principe est le même pour les **participes passés** : *écrit* → *écrite*.

2 * **Complétez les groupes nominaux avec les adjectifs suivants.**

touffu torrentiel majeur ras équilibré banal

une décision .... • une herbe ....
une alimentation .... • une forêt ....
une maison .... • une pluie ....

L'adjectif qualificatif **s'accorde avec le nom** auquel il se rapporte.

3 ** **Parmi ces adjectifs, soulignez ceux qui sont identiques au masculin et au féminin. N'hésitez pas à vous aider d'un dictionnaire si nécessaire.**

docile • futile • débile • vile • hostile • utile • puérile • tranquille • fidèle • publique • antique • caduque

- Au féminin, certains adjectifs **doublent la consonne finale** : *-l, -n, -s, -t* → *-lle, -nne, -sse, -tte* : *bon* → *bonne ; bas* → *basse ; net* → *nette.*
  Attention : *complet, concret, discret, secret, inquiet, désuet* → *-ète* : *secrète.*
- Certains **modifient la consonne finale** : *heureux, heureuse ; roux, rousse ; vif, vive.*

4 **Mettez ces adjectifs au féminin.**

* **a.** ancien : .... • mignon : .... • réel : ....
épais : .... • muet : .... • pareil : ....
sot : .... • faux : .... • peureux : ....

** **b.** plein : .... • fluet : .... • concret : ....
subtil : .... • vermeil : .... • naïf : ....
coquet : .... • inquiet : ....

- Certains adjectifs modifient leur terminaison : *-er* → *-ère* : *léger* → *légère* ; *-eur* → *-euse*, *-resse* ou *-rice* : *joueur* → *joueuse* ; *vengeur* → *vengeresse* ; *créateur* → *créatrice*.
- Certains modifient leur radical : *beau* → *belle* ; *turc* → *turque* ; *favori* → *favorite*...

5 **Donnez le féminin de ces adjectifs.**

rêveur : .... • rieur : .... • réducteur : .... • songeur : .... • faux : .... • sec : .... • meilleur : .... • printanier : .... • amer : .... • évocateur : .... • frais : .... • destructeur : ....

glacial : *glacials* ou *glaciaux*.

- Le **pluriel** des adjectifs se caractérise le plus souvent par une terminaison en *-s* ajoutée au singulier : *plat*, *plats* ; *plate*, *plates*. Mais les adjectifs terminés par *-s* et *-x* ont la même terminaison au singulier et au pluriel : *un gros édredon moelleux*, *de gros édredons moelleux*.
- Les adjectifs en *-eau* ont leur pluriel en *-eaux* : *nouveau* → *nouveaux*.
- Les adjectifs en *-al* ont leur pluriel en *-aux* : *amical* → *amicaux*.

Exceptions : *banal*, *bancal*, *fatal*, *natal*, *naval* qui prennent *-als* : *bancal* → *bancals*.

6 **Accordez les adjectifs entre parenthèses.**

de (bon) .... repas • des animaux (peureux) .... • des idées (inouï) .... • de (beau) .... décors • des tabourets (bancal) .... • des murs (vertical) .... • des hivers (glacial) .... • des combats (naval) .... • des procédés (légal) .... • de (vieux) .... objets

J'utilise ce que j'ai appris...

POUR LIRE **7** *(Le bol de lait.)*

Elle l'avala à petites gorgées avec répugnance. Il sentait, disait-elle, les intestins de vache. Pour s'encourager à le boire, elle pensait, chaque fois, à Blanchette, si jolie avec son pelage roux et blanc [...]. Rien que par amitié pour cet animal doux, patient et utile, elle devait vider le bol jusqu'à la dernière goutte.

Henri TROYAT, *Viou*, © Flammarion, 1980.

a. **Soulignez les adjectifs.**

b. **Mettez-les au masculin singulier et pluriel, et au féminin singulier et pluriel.**

....

....

....

....

....

POUR DIRE **8** **Choisissez un couple d'adjectifs masculin/féminin. Leur différence d'orthographe doit être sensible à l'oral. Proposez deux phrases contenant ces mots. Faites de même avec des couples d'adjectifs singulier/pluriel.**

POUR ÉCRIRE **9** **Décrivez le magasin d'un magicien en associant aux noms masculins pluriels de votre choix ces adjectifs : *nouveau, glacial, fatal, bancal, doux*. Vous utiliserez trois noms féminins accompagnés d'un adjectif.**

1 point par adjectif pluriel juste + 2 points pour la qualité de la description ■ Ma note : .... / 10

41 L'accord de l'adjectif

d'autres exercices numériques
bordas.media/733822_078

Mon objectif : **connaître les règles d'accord de l'adjectif**

J'observe et je réfléchis

1 Dès que j'eus avalé une tasse de café au lait, il fallut visiter la vieille cité. J'admirai la maison du pharmacien, et les autres maisons célèbres, toutes noires, mais jolies comme des bibelots, avec leur façade sculptée.

Guy DE MAUPASSANT, *Berthe*, 1884.

a. **Entourez les adjectifs.**

b. **Soulignez les noms avec lesquels ils s'accordent.**

J'apprends et je m'exerce

Pour trouver le **nom** auquel se rapporte l'**adjectif**, on pose la **question** *Qui est-ce qui est ?* ou *Qu'est-ce qui est ?* suivie de l'adjectif.

- L'**adjectif**, ou le **participe passé** employé comme adjectif, **s'accorde**, en genre et en nombre, avec le **nom** ou le **pronom** auquel il se rapporte :
*Ce sont des couleurs **naturelles**. Elles sont très **belles**.*

2 * **Accordez les adjectifs. Soulignez le mot avec lequel se fait l'accord.**

1. une lumière bleuté....... sur les sommets enneigé....... .
2. des travaux difficile......., mais intéressant......., dans une atmosphère chaleureu....... .
3. une mousse au chocolat aérien......., accompagnée d'une salade de fruits délicieu....... .
4. Regarde ces drôle....... d'insectes, ils sont inoffensif....... et même très utile....... .
5. Ma petite sœur est toujours gai....... et de bon....... humeur.
6. La réponse que tu nous as donnée était inexact....... .

3 * **Écrivez, en les accordant, les adjectifs entre parenthèses.**

1. une porte de magasin (entrouvert) ....
2. des pages de cahier (froissé) ....
3. des réunions (secret) .... à des heures (tardif) ....
4. des jeux de cartes (amusant) ....
5. le récit d'une aventure (mystérieux) ....
6. un fils turbulent et un père (sévère) ....

- Quand un adjectif se rapporte à **plusieurs noms**, il s'accorde au **pluriel**.
- Si les noms ont le **même genre**, il prend le genre de ces noms :
*la leçon et la poésie **apprises**.*
- Si les noms sont de genres **différents**, il se met au **masculin pluriel** :
*une table et un buffet **anciens**.*

4 ** **Écrivez, en les accordant, les adjectifs entre parenthèses.**

1. Elle lui adressa un signe et un sourire (amical) ....
2. Dans ce jardin, vivent une chèvre et une lapine très (mignon) ....
3. Ce conte et cette nouvelle sont (passionnant) ....
4. Nous avons eu un automne et un hiver (glacial) ....
5. Il porte une veste et un pantalon (neuf) ....
6. On nous a servi une salade et une soupe (chaud) ....

- La plupart des **adjectifs de couleur** s'accordent en genre et en nombre avec le nom ou le pronom auquel ils se rapportent : *des tons bruns, des fleurs blanches*.

5 * **Accordez les adjectifs entre parenthèses.**

1. En automne, les feuilles deviennent (roux) .... ou (brun) ....
2. Les plumes (noir) .... de la pie ont des reflets (bleu) ....

- Les adjectifs de couleur sont **invariables** quand ils sont composés de deux mots : *une robe vert pâle, des tissus bleu marine*.

6 * **Accordez s'il le faut les adjectifs de couleur entre parenthèses.**

1. Ses yeux sont-ils (bleu) ...., (vert) .... ou (bleu-vert) ....?
2. Le pelage du zèbre est couvert de raies (noir) .... et (blanc) ....
3. Les pétales sont (rose pâle) .... et les feuilles (vert sombre) ....

- Les adjectifs de couleur qui viennent de noms communs (végétaux, minéraux…) restent invariables : *des chaussures marron, des eaux turquoise, des tissus orange, des décors argent*.
- *Rose* et *fauve* s'accordent comme des adjectifs.

7 * **Accordez les adjectifs de couleur si nécessaire.**

des gants noir................ • des gants marron.........
des gants violet............ • des gants mauve..........
des gants orange.......... • des gants rose.............

8 ** **Accordez s'il le faut les adjectifs de couleur entre parenthèses.**

1. des châles (pourpre) .... sur des robes (ivoire) .... • 2. des murs et des rideaux (orange) .... • 3. une peau (doré) .... et des joues (vermeil) .... • 4. des papiers (or) .... et (argent) ....
5. des motifs (framboise) .... sur des murs (orangé) ....
6. La voiture (noir) .... a des sièges recouverts de housses (fauve) ....

J'utilise ce que j'ai appris...

POUR LIRE **9** **Complétez les adjectifs en les accordant.**

Les globes électrique........, pareil........ à des lunes éclatant....... et pâle........, à des œufs de lune tombé....... du ciel, à des perles monstrueu.........., vivant........, faisaient pâlir sous leur clarté nacré......, mystérieu....... et royal......, les filets de gaz et les guirlandes de verres de couleur.

Guy de Maupassant, *La Nuit*, 1887.

1 point par adjectif correct ■ Ma note : .... / 10

POUR DIRE **10** **Après avoir fait l'exercice ci-dessus, justifiez oralement l'accord de chaque adjectif.**

POUR ÉCRIRE **11** **Présentez une nouvelle collection de prêt-à-porter, en utilisant de nombreux adjectifs que vous accorderez correctement.**

42 L'accord du verbe avec le sujet

d'autres exercices numériques
bordas.media/733822_080

Mon objectif : maîtriser l'accord du verbe avec son sujet ; déjouer les difficultés

J'observe et je réfléchis

1 Les Tartares font la fête solennelle qu'ils nomment blanche, lors du commencement de leur année. [...] C'est la coutume que le Grand Khan et ses sujets se vêtent tous de robes blanches, s'ils ont le moyen de le faire. [...] Et sachez qu'en ce jour viennent des différents lieux qui en ont reçu l'ordre plus de cent mille chameaux et chevaux blancs très beaux et fins qu'on donne au Grand Khan.

Marco POLO, *Le Livre des merveilles*, 1298.

a. **Entourez les verbes conjugués et soulignez leur sujet.**

b. **Quel verbe n'a pas de sujet ?** .... **Quel est son mode ?** ....

J'apprends et je m'exerce

- Le **sujet** commande l'**accord du verbe** en personne et en nombre. *Nous viendrons.*
- Quand un verbe a **plusieurs sujets**, il se met au **pluriel**. *Le tigre et la panthère sont des félins.*
- Le **sujet** peut se trouver après le verbe : il est **inversé**. *Dans ce château vivait une princesse.*

2 ** **Écrivez la terminaison des verbes au présent de l'indicatif.**

1. Quelqu'un te demand........ Est-ce que tu le conn........... ?
2. Dans une fable, le lion et le rat devien.............. des amis.
3. Les livres que tu li........... ne m'intéres........... pas.
4. J'ai lu ces livres et je te les prêt...........
5. Tout sembl........... calme, soudain dans le silence, éclat........... des cris.

- Quand le sujet est le pronom relatif ***qui***, l'accord se fait avec **l'antécédent**.
  *Je vais te confier un secret à **toi** qui es ma meilleure amie.*

3 * **Associez les éléments pour constituer des phrases.**

1. C'est moi qui •	• le dites.
2. C'est toi qui •	• joueras ce rôle.
3. C'est elle et lui qui •	• ai la clé.
4. C'est vous qui •	• sont arrivés les premiers.

- Plusieurs sujets dont ***moi*** = ***nous***. *Sami, toi et moi ferons équipe.*
- Plusieurs sujets dont ***toi*** (sans ***moi***) = ***vous***. *Elle et toi préparerez le repas.*

4 ** **Complétez ces phrases avec les pronoms sujets qui conviennent.**

1. Que comptes-............ faire avec cette scie ? • 2. Toi et .... jouons dans la même équipe. • 3. Comment ai-.............. pu oublier ce rendez-vous ? • 4. Je préparerai les brochettes, tandis que Kader et .... les ferez griller. • 5. Line, Théo et .... faisons de longues randonnées. • 6. Tu peux prendre ce livre que .... t'ai mis de côté. • 7. Charles et .... serez félicités.

- Quand le sujet est un **GN** contenant un **complément du nom**, l'accord se fait avec le **nom noyau** du GN. *Un bouquet de pivoines orne la table.*

5 **Écrivez la terminaison des verbes au présent de l'indicatif.**

* a. 1. Les roues du chariot grinc............ . 2. Le stylo de Laure et le classeur de Karim se trouv............ sur mon bureau. 3. Un bois de pins dégringol.......... jusqu'à la plage.

** b. 4. Les habitants du village qui ser....... de décor au film jou......... le rôle de figurants. 5. Le nombre des élèves qui mang........... à la cantine ne cess........... d'augmenter.

- Quand le sujet est *la plupart, beaucoup, peu, assez, combien*, le verbe se met au **pluriel**.
  Beaucoup tentèrent l'expérience, la plupart réussirent, peu abandonnèrent.
- Quand le sujet est *on, chacun, tout le monde, plus d'un*, le verbe se met au **singulier**.
  On s'amusa beaucoup. Chacun était ravi. Plus d'un regretta de ne pas être venu.

6 ** **Écrivez la terminaison des verbes au présent de l'indicatif. Soulignez les mots avec lesquels se font les accords.**

1. Pendant qu'on leur distribu........... leurs contrôles, les élèves n'os........... plus bouger, car chacun s'inquièt........... un peu. 2. Tout le monde préfèr........... le beau temps. 3. Tous écout............ en silence et plus d'un éprouv........... une grande émotion. 4. Beaucoup souhait........... participer à l'émission télévisée, mais peu y parvien................

J'utilise ce que j'ai appris...

POUR LIRE **7** C'était au temps où les arbres (*fleurir*, présent) ...., où les bois (*se couvrir*, présent) ....de feuilles, où, au matin, (*chanter*, présent) .... les oiseaux avec douceur. Alors (*se lever*, présent) .... le fils de la dame de la Gaste Forêt ainsi que ses serviteurs. Perceval (*faire*, présent) .... seller son cheval. Il se dit : « Moi qui (*prendre*, passé composé) .... mes javelots, je vais chasser car tout le monde (*savoir*, présent) .... que le gibier est abondant par ici ; une multitude de cerfs et de biches (*traverser*, présent) .... ces bois chaque jour. »

Le voici dans la forêt et aussitôt la douceur du temps le (*réjouir*, passé simple) .... ainsi que le chant des oiseaux qui s'en (*donner*, imparfait) .... à cœur joie.

D'après CHRÉTIEN DE TROYES, *Le Conte du Graal*, 1180.

Mettez les verbes entre parenthèses aux temps indiqués.

1 point par réponse juste ■ Ma note : .... / 10

POUR DIRE **8** **Faites le compte rendu d'une réunion : rencontre sportive, anniversaire, conseil de classe..., en variant les sujets (dont de nombreux pronoms).**

POUR ÉCRIRE **9** **Imaginez la rencontre entre Perceval et cinq chevaliers dans la forêt. Vous emploierez comme sujets les mots ou expressions :** ***aucun, la plupart, peu, beaucoup.***

43 L'accord du participe passé

d'autres exercices numériques
bordas.media/733822_082

Mon objectif : maîtriser l'accord du participe passé, avec ou sans auxiliaire

J'observe et je réfléchis

1 *(Une mutinerie s'est produite dans une goélette partie pour découvrir un trésor.)* Je trouvai mes compagnons profondément **bouleversés**. Ils étaient **accablés** par la tournure **prise** par les événements. Le châtelain était blanc comme un linge, songeant à la tragique aventure dans laquelle il nous avait **entraînés** et qui avait si mal **tourné**.

Robert Louis STEVENSON, *L'Île au trésor*, 1882, trad. J. Papy, © Gallimard, 1999.

a. Parmi les participes passés en rouge, lesquels sont employés :

avec *avoir* : .... **avec *être* :** ....

sans auxiliaire : ....

b. Quand ces participes passés s'accordent, soulignez le mot avec lequel se fait l'accord.

J'apprends et je m'exerce

- Quand le **participe passé** est employé **sans auxiliaire**, il joue le rôle d'un **adjectif** et s'accorde en genre et en nombre avec le **nom** auquel il se rapporte. *Une porte ouverte.*

Pour trouver la dernière lettre d'un part. passé masc. sing., on le met au **féminin** (→ Méthode p. 49).

2 * **Trouvez le participe passé de chacun de ces verbes et associez-le à un des noms ci-dessous : *élire, cuire, apprendre, offrir, repeindre, écrire, cueillir, recevoir.***

la leçon .... • les fruits .... • le mur .... •
les lettres .... • les confiseries .... • le rôti .... •
les invités .... • les déléguées ....

3 * **Soulignez les participes passés employés sans auxiliaire et entourez le nom ou le pronom avec lequel ils s'accordent.**

1. Un bruit étrange a retenti dans la ville endormie.
2. Les assiettes brisées n'ont pas été recollées.
3. Amusée, elle regardait les jeux d'un chaton facétieux.
4. Le temps perdu ne se rattrape jamais.
5. Ses devoirs terminés, elle s'est rendue chez sa camarade préférée.

- Quand le **participe passé** est employé **avec l'auxiliaire *être***, il **s'accorde** en genre et en nombre avec le **sujet**. *Les hirondelles sont revenues.*

4 * **Mettez ces phrases au passé composé.**

1. Les voyageurs arrivent par le train. ....
2. La lune monte haut dans le ciel. ....
3. Tu deviens paresseuse. ....
4. Toi et moi restons amies. ....

- Quand le **participe passé** est employé **avec l'auxiliaire *avoir***, il ne **s'accorde jamais** avec le **sujet**.
  Elles ont chanté. Nous avons fini.

5 * **Mettez ces phrases au passé composé.**

1. Les enfants avalent leur goûter, puis ils repartent jouer.

....

2. Notre ville invite des comédiens qui viennent et donnent un spectacle.

....

- Le participe passé employé avec ***avoir*** **s'accorde** en genre et en nombre avec le **COD**, lorsque celui-ci est **placé avant le verbe**.
- Le **COD placé avant le verbe** est : un **pronom personnel** (*me, le, la, les, nous...*), le **pronom relatif** *que*, un **pronom interrogatif** (*lequel ? laquelle ?...*).
  J'aime beaucoup la pièce qu'ils ont jouée. (*qu'* est mis pour *pièce*)

Le participe passé employé avec *avoir* **ne s'accorde pas** avec un COI.

6 ** **a. Indiquez si les mots soulignés sont COD ou COI.**
b. Accordez, si c'est nécessaire, les participes passés.

1. Léo et moi les (..............) avons aidé........... et elles nous (..............) ont remercié............
2. Les enfants lui (..............) ont obéi........... sans protester.
3. L'exposition que (..............) nous avons visité........ a fermé........ ses portes (..............) hier.

7 ** **Réécrivez les phrases en remplaçant les mots soulignés par des pronoms personnels.**

1. Les élèves ont fini leur rédaction. ....
2. Luc a repeint sa chambre et sa salle de bains. ....
3. As-tu compris ses explications ? ....

J'utilise ce que j'ai appris...

POUR LIRE **8** Un jour Sindbad vint se cacher dans l'arbre selon son habitude. Il entendit soudain un bruit terrible. D'énormes éléphants vinrent en files serrées envahir l'endroit où il se tenait. Il y en avait tellement que le sol tremblait sous le martèlement de leurs pattes. À cette vue, les cheveux de Sindbad se dressèrent sur sa tête, il frissonna de tous ses membres et comprit qu'il courait un danger mortel. Les éléphants entourèrent l'arbre sur lequel se trouvait Sindbad. Ils levèrent leurs trompes, les enroulèrent autour des branches les plus basses qu'ils secouèrent vigoureusement.

Les Aventures de Sindbad le Marin, vers 837.

Mettez au passé composé les verbes au passé simple. Faites les accords nécessaires.

....

....

1 point par réponse juste ■ **Ma note :** .... **/ 10**

POUR DIRE **9** **Après avoir fait l'exercice ci-dessus, justifiez oralement l'accord de chaque participe passé.**

POUR ÉCRIRE **10** **Imaginez la suite de l'aventure de Sindbad et racontez-la au passé composé en veillant aux accords des participes passés.**

44 Les homophones grammaticaux

d'autres exercices numériques
bordas.media/733822_084

Mon objectif : différencier des mots qui ont la même prononciation mais une orthographe différente

J'observe et je réfléchis

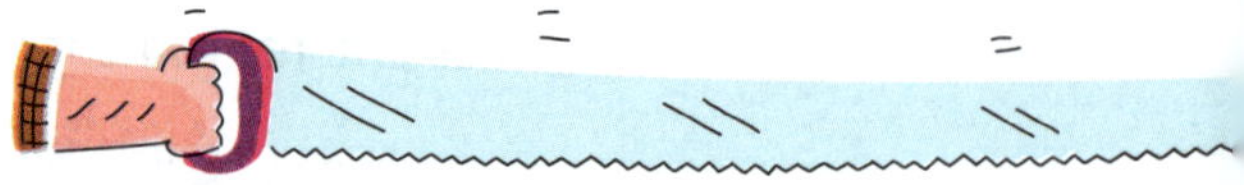

1 **Lisez à haute voix la phrase suivante.**

Si six scies scient six troncs, six cents scies scient six cents troncs.

Soulignez les mots qui ont la même prononciation, mais une orthographe différente : ce sont des homophones.

J'apprends et je m'exerce

- *Ou* (conjonction de coordination) → *ou bien*.
  Nous planterons un platane ou (= ou bien) un érable.
- *Où* : indication de lieu, parfois de temps.
  Je connais la ville où tu habites. • C'est l'époque où tout refleurit.

2 * **Complétez ces phrases en choisissant entre *ou* et *où*.**

Où est le plus souvent une indication de **lieu**.

1. Plus tard je serai cosmonaute .... chef d'orchestre.
2. L'endroit .... nous sommes était une ancienne carrière.
3. On ignore .... est caché le trésor. Peut-être est-il sous la cheminée .... dans la cave.

- *Ça* = *cela* : *Regarde ça !* (= *Regarde cela !*)
- *Çà* (élément de la locution *çà et là*) → *ici*.
  On voit çà et là quelques chats errants. (= *On voit ici et là*...)
- *Sa* (déterminant possessif) → *ma, ta*...
  Inès est venue avec sa sœur. (= *avec ta sœur*)

3 * **Complétez ces phrases en choisissant entre *ça*, *çà* et *sa*.**

1. Lou cherche .... chienne. Elle s'est encore sauvée, ... lui arrive souvent.
2. Tu ne pourras pas couper la branche avec .... Demande .... scie à Mehdi.
3. Des champignons poussent .... et là dans le pré. Je vais faire une omelette avec ....

- *Sans* (préposition) → contraire de *avec* : *du café sans sucre.*
- *S'en* (= *se* + *en*) → *se* + verbe + *de cela* :
  Il s'en moque = *Il se moque de cela.*

4 * **Complétez ces phrases en choisissant entre *sans* et *s'en*.**

1. Après le cyclone, ils se sont retrouvés .... abri et .... nourriture.
2. Il .... est allé .... que quiconque .... aperçoive.
3. Charlotte a modelé cette statuette .... aucune aide. On ne .... douterait pas.
4. .... ton intervention, ils ne .... seraient pas sortis.

- *Dans* (préposition) + GN complément de **lieu** ou de **temps**.
  dans sa chambre • dans un mois.
- *D'en* (= *de* + *en*) → *de* + infinitif + *de cela*.
  Cesse d'en parler. → *Cesse de parler de cela.*

5 * **Complétez ces phrases en choisissant entre *dans* et *d'en*.**

1. Sarah met des oranges .... le presse-agrume afin .... extraire le jus.
2. La maison .... face sera démolie .... quelque temps.
3. Les fourmis ont trouvé des grains de blé .... le champ et s'efforcent .... rapporter.
4. Ils savent qu'il y a des serpents .... la région et ils tremblent .... rencontrer.

- *Peu* **(adverbe de quantité)** → contraire de ***beaucoup***.
  *Vous courez **peu** de risques.* → *Vous courez **beaucoup** de risques.*
- *Peux*, *peut* : verbe ***pouvoir*** → *pouvais, pouvait.*
  *Tu **peux** y arriver.* → *Tu **pouvais** y arriver.*

6 * **Complétez ces phrases avec *peu*, *peut* ou *peux*.**

Si on ne peut pas remplacer par *pouvait(ais)*, on écrit **peu**.

1. Ce film .... être vu par tous.
2. Le soleil a .... brillé aujourd'hui.
3. Que ....-tu faire pour nous ?
4. Je possède .... de renseignements et ne .... vous répondre.
5. .... à ...., tu progresses en anglais et .... tenir une conversation.

- *Ni (... ni)* : **conjonction de coordination négative** → ***et***, ***ou*** dans une phrase affirmative.
  *Le magasin n'ouvre **ni** lundi **ni** mardi.* → *Le magasin ferme lundi **et** mardi.*
- *N'y* (= ***ne*** + ***y***) → *ne* + verbe + *à cela* (ou *là*).
  ***N'y** pense pas.* = ***Ne** pense pas **à cela**.* / ***N'y** va pas.* = ***Ne** va pas **là**.*

7 * **Complétez ces phrases avec *ni* ou *n'y*.**

1. On .... voit rien, on ne distingue .... les gens .... les objets. • 2. .... les conseils .... les menaces ne l'ont retenu, rien .... a fait. • 3. Ce texte n'a .... queue .... tête, je .... comprends rien. • 4. Vas-tu parfois au théâtre ? Non, je .... vais jamais. • 5. Ce cauchemar est fini, ... pensons plus ! • 6. Il ne parle .... ne sourit, rien ne le déride.

8 ** **Mettez ces phrases à la forme négative.**

Vas-y. Cherche à découvrir la vérité et les responsables.

....

....

- *Si* : **conjonction de subordination** → **condition** : *Si je finis plus tôt, j'irai te voir.*
  ou adverbe d'intensité → ***tellement***. *C'est **si** beau !* = *C'est **tellement** beau !*
- *S'y* (= ***se*** + ***y***) → *se* + verbe + *à cela* (ou *là*) → *m'y, t'y*.
  *Il **s'y** rend.* → *Il **se** rend **là**.* → *Je **m'y** rends.*
- *-ci* renforce les **démonstratifs** → *-là* : *ce livre-**ci*** → *ce livre-**là***.

9 * **Complétez ces phrases avec *si*, *s'y* ou *ci*.**

1. Même .... certaines lois paraissent dures, il faut .... conformer. • 2. Ces temps-........., Sam est devenu .... grognon qu'on n'ose pas lui adresser la parole, personne ne .... risque. • 3. .... ce vêtement n'était pas .... cher, je me l'offrirais. • 4. Prends celui-........., il est .... joli ! • 5. Le collège est près de chez Leïla, elle .... rend à pied. • 6. .... on .... prend à temps, le pire sera évité.

J'utilise ce que j'ai appris...

POUR ME TESTER

10 Complétez ces phrases en choisissant entre *ou, où, ça, çà* et *sa*.

1. C'est à prendre .... à laisser. Tant pis si .... ne te plaît pas.
2. Nadia a collé .... et là, sur les murs de .... chambre, des photos de camarades de .... classe .... des photos de chanteurs.
3. Il apprend .... leçon en regardant la télévision. Ce n'est pas comme .... qu'il la saura !
4. Le jour .... j'ai rencontré .... sœur jumelle, je l'ai prise pour elle. Nous avons bien ri de .... Il est vrai qu'on ne sait jamais si on a affaire à l'une .... à l'autre.
5. « Regarde ce drôle d'oiseau sur .... branche.
— Où .... ? »
6. Ce n'est pas avec .... que tu vas réussir à réparer ton vélo.

11 Complétez ces phrases en choisissant entre *sans, s'en, dans, d'en*.

1. Je n'ai pas encore dit à Éva que je partais .... un mois, mais elle .... doute.
2. .... l'aide de tes amis, tu risques .... avoir pour longtemps avant de finir.
3. Inès est entrée .... la salle, ... autorisation. Elle .... est excusée.
4. .... rendre compte, il a ouvert la porte de l'appartement .... haut.

12 Complétez ces phrases avec *peu, peut, peux*.

1. ....-tu mettre un .... d'eau dans ces fleurs ?
2. Il prétend qu'il .... marcher sur les mains, mais il se vante ....-être.
3. On doit venir nous aider, ... importe qui cela .... être.
4. Est-ce que tu .... parler un .... moins fort ?

13 Complétez ces phrases avec *ni, n'y, si, s'y* ou *ci*.

1. La vie est .... monotone dans cet endroit, il ne .... passe jamais rien, aucun événement .... bon .... mauvais.
2. .... tu viens ces jours-.......... dans mon village, tu .... reconnaîtras plus rien.
3. Leur maison est .... proche ! .... allons pas en voiture.
4. .... on connaissait les dangers de ce lieu-.......... , on ne .... attarderait pas.

POUR DIRE

14 Chaque élève invente une phrase où figurent le plus possible d'homophones, sur le modèle de l'exercice 1. Il (Elle) la dit à ses camarades, puis va l'écrire au tableau.

POUR ÉCRIRE

15 Vous rédigerez les cinq phrases suivantes :
une phrase contenant les mots *si* et *s'y* ;
une phrase contenant les mots *dans* et *d'en* ;
une phrase contenant les mots *ou* et *où* ;
une phrase contenant les mots *s'en* et *sans* ;
et une phrase contenant les mots *n'y* et *ni*.

2 points par phrase correcte ■ Ma note : .... / 10

45 Les terminaisons en -*ais* et -*ai*, -*rai* et -*rais*

d'autres exercices numériques
bordas.media/733822_087

Mon objectif : différencier des terminaisons verbales qui ont la même prononciation mais une orthographe différente

J'apprends et je m'exerce

• -*ais* ou -*ai* ? Pour les verbes du 1er groupe, il ne faut pas confondre l'**imparfait** et le **passé simple** à la première personne du singulier.
je parlais : imparfait (→ *il parlait*) • *je parlai* : passé simple (→ *il parla*).

1 * **Complétez les formes verbales avec les terminaisons -*ais* ou -*ai*.**

1. Je patient............ depuis plus d'une heure, quand je décid............ de partir.
2. L'été dernier, je jou............ au ping-pong tous les jours.
3. La nuit était sombre et je trembl............ de peur, mais en arrivant chez moi, je retrouv............ mon calme.
4. Je me promen............ le long de la rivière et je pens............ à des choses agréables. C'est à ce moment-là que je distingu............ quelqu'un qui se débattait dans l'eau. Aussitôt, je plonge............ et ramen............ l'imprudent sain et sauf.

2 ** **Réécrivez la phrase au passé en choisissant l'imparfait (-*ais*) ou le passé simple (-*ai*).**

Je désire m'acheter un nouveau pull et j'hésite entre deux modèles. Je demande alors l'avis de ma meilleure amie ; puis, finalement, je me décide pour un troisième.

....

....

....

....

• -*rai* ou -*rais* ? Il ne faut pas confondre la 1re personne du singulier du **futur de l'indicatif** et la 1re ou la 2e personne du **présent du conditionnel**.
je dirai : futur de l'indicatif (→ *il dira*) • *je dirais, tu dirais* : présent du conditionnel (→ *il dirait*).

3 * **Complétez les formes verbales avec les terminaisons -*rais* ou -*rai*.**

1. Cet été, je participe.......... à un stage de voile. • 2. Comme je suis enrhumé, je n'i.......... pas avec vous à la piscine. • 3. Si j'étais un animal, je n'au.......... ni devoir ni leçon. • 4. Tous ignoraient que je se.......... là. • 5. Si tu promets de te tenir tranquille, je t'emmène.......... avec moi. • 6. Que répond..........- je si on me demande si tu es là ? • 7. Que répond..........-je si on me demandait si tu étais là ? • 8. Je fe.......... bien un petit tour dehors. • 9. Si j'ai des nouvelles de Benoît, je t'averti.......... • 10. Si tu m'aidais, je viend.......... peut-être à bout de ce travail.

Ma note : .... / 10

ÉCRIRE 4 « Je me trouvais maintenant au bord d'un terrain ondulé, sablonneux [...]. J'errai au hasard parmi les arbres. »

Daniel DEFOE, *Robinson Crusoé*, 1719.

Écrivez la suite de cet extrait de récit, en utilisant correctement passé simple et imparfait, à la 1re personne.
Employez au moins un conditionnel présent.

L'orthographe

Mon objectif : évaluer ma maîtrise de l'orthographe

Je récapitule mes connaissances

1 Je coche chaque fois la bonne réponse.

1. ☐ des travails originaux ☐ des travaux originaux ☐ des travaux originals
2. ☐ des exercices de science facile ☐ des exercices de science faciles
3. ☐ des yeux marron ☐ des yeux marrons
4. ☐ C'est moi qui a raison. ☐ C'est moi qui ai raison. ☐ C'est moi qui es raison.
5. ☐ La plupart riaient. ☐ La plupart riait.
6. ☐ Mes amies sont arrivés, je les ai vu. ☐ Mes amies sont arrivées, je les ai vues.
7. ☐ C'est la musique qu'il a choisie. ☐ C'est la musique qu'il a choisi.
8. ☐ Sans lumière on ni voit rien. ☐ S'en lumière on ni voit rien. ☐ Sans lumière on n'y voit rien.
9. ☐ Tu manges peu, tu ne peux pas grandir. ☐ Tu manges peux, tu ne peu pas grandir.
10. ☐ Je voudrais bien t'aider. ☐ Je voudrai bien t'aider.
11. ☐ Ce jour-là, je me levais tôt. ☐ Ce jour-là, je me levai tôt.

2 Je complète les phrases avec le mot qui convient.

1. Le jour (ou / où) .... je suis né, il gelait (a / à) .... pierre fendre (et / est / ai) .... la voiture n' (a / à) .... pas démarré.
2. Je n'aime (ni / n'y) .... le chou (ni / n'y) .... les brocolis ; (si / s'y) .... je peux choisir, (c'est / s'est) .... un éclair (ou / où) .... une tarte que je prendrai.
3. Je n'arrive pas (a / à) .... allumer (ces / ses) .... bougies-(là / la) .... et je (ni / n'y) .... vois rien.

Je teste mes connaissances

3 Je complète ce texte en l'orthographiant correctement.

Le portrait. Elle s'assit (dans / d'en) .... la (pause / pose) .... convenu.......... . Onuphrius alla cherch.......... sa toile qui était tourn.......... contre le (mûr/mur) .... et (la / l'a / mis / mit) ....sur son chevale.......... Au-dessus de la petite bouche de Jacintha, une main inconnu.......... avait dessin..........une paire de moustach.......... qui eussent fait honn............. (a / à) .... un tambour-major. La col......re de notre artiste, en voyant son esqui..........e ainsi barbouill.........., n'est pas di.........icile (a / à / imaginé / imaginer) ....

D'après Théophile Gautier, *Onuphrius*, 1832.

0,5 point par réponse juste ■ Ma note : .... / 10

J'applique mes connaissances...

POUR LIRE 4

Denise était **venue** à pied de la gare Saint-Lazare, **où** un train de Cherbourg l'avait **débarquée** avec **ses** deux frères, après une nuit **passée** sur la dure banquette d'un wagon de troisième classe. Elle tenait par la main Pépé, et Jean (l'a/la/là) .... suivait, tous les trois brisés du voyage, effarés et perdus, au milieu du vaste Paris, le nez (lever/levait/levé) .... sur les maisons, (demandant/demandants) .... à chaque carrefour la rue de la Michodière, dans **laquelle** leur oncle Baudu demeurait. Mais, comme elle débouchait enfin sur la place Gaillon, la jeune fille s'arrêta net de surprise.

– Oh ! dit-elle, (regarde/regardes) .... un peu, Jean !

Et ils restèrent plantés, serrés les uns contre les autres, tout en (noir/noirs) ...., achevant les vieux vêtements du deuil de leur père.

D'après **Émile Zola**, *Au Bonheur des Dames*, 1883.

1. **Complétez le texte en choisissant parmi les mots entre parenthèses.** 5 points

2. **Justifiez l'orthographe des mots en gras.** 6 points

venue : ....

....

où : ....

....

débarquée : ....

....

ses : ....

passée : ....

....

laquelle : ....

....

3. **Réécrivez le 1er passage souligné en remplaçant *Elle* par *Ils* et en mettant les verbes au présent.** 4 points

....

4. **Réécrivez le 2e passage souligné en remplaçant *ils* par *elles* et en mettant le verbe au présent.** 5 points

....

Ma note : .... / 20

POUR DIRE 5 **Chaque élève écrit au tableau une ou deux phrases, contenant plusieurs participes passés de constructions différentes, puis il(elle) justifie leur orthographe.**

Évaluation collective : **10 points :** qualité de la ou des phrase(s) proposée(s)
10 points : clarté et justesse des explications données

Notre note : .... / 20

POUR ÉCRIRE 6 **Inventez et écrivez la suite du texte d'Émile Zola (exercice 4). En vous aidant de la méthode, page 73, relisez votre devoir pour en éliminer les fautes d'orthographe.**

1. Rédigez une suite cohérente du texte d'Émile Zola, en tenant compte de la situation des personnages et en imaginant ce qui a pu provoquer la surprise de Denise. 6 points
2. Poursuivez le dialogue commencé dans l'extrait. 4 points
3. Vérifiez tous les accords : verbes, déterminants, adjectifs, participes passés. 5 points
4. Vérifiez l'orthographe de chaque mot, sans oublier les accents. 5 points

Ma note : .... / 20

Évaluation des compétences travaillées

➥ Connaître le fonctionnement des chaînes d'accord ➥ Connaître les différences entre l'oral et l'écrit	**Ma note globale : .... / 70** ■ Entre 0 et 17 : maîtrise insuffisante. ■ Entre 18 et 35 : maîtrise fragile. ■ Entre 36 et 53 : maîtrise satisfaisante. ■ Entre 54 et 70 : très bonne maîtrise.

Reportez les résultats de l'évaluation p. 128.

47

Préparation à la dictée

Une herbe bienfaisante

Mon objectif: mettre en pratique mes connaissances d'orthographe grammaticale et lexicale

1. Je prépare la dictée

Orthographe grammaticale

1. Accordez les adjectifs si nécessaire.

Monsieur, soyez prudent....... • Messieurs, soyez prudent........

2. Mettez chaque nom en gras au singulier ou au pluriel. Pour le savoir, demandez-vous si vous pourriez remplacer *de* par *avec du (de la)* ou par *avec des*.

La tarte est garnie de **crème**....... et de **fraise**....... .

Conjugaison

3. Conjuguez *remuer* au futur de l'indicatif, *revenir* au présent du conditionnel (→ p. 64).

a. je .... tu .... il, elle ....
nous .... vous .... ils, elles ....

b. je .... tu .... il, elle ....
nous .... vous .... ils, elles ....

Orthographe lexicale

4. Complétez ces GN avec *vieux, vieil, vieille*.

un .... ami • une .... connaissance • un .... meuble

2. J'écris la dictée

(Un chevalier a été gravement blessé. Une jeune fille pleure auprès de lui. Gauvain la rassure.)

....

....

....

....

....

....

....

....

CHRÉTIEN DE TROYES, *Perceval ou le roman du Graal*, 1181.

3. Je corrige mes fautes

Distinguez les fautes d'**accord**, de **conjugaison** et d'orthographe d'**usage**.

....

....

....

....

....

....

J'évalue ma dictée

2 points par faute de grammaire ou de conjugaison, 1 point par faute d'usage,
0,5 point par faute de ponctuation, d'accent d'usage, de majuscule. **Ma note:** ...... /20

Méthode

48 Comment interpréter une consigne ou un sujet de devoir ?

Mon objectif : comprendre une consigne ou un sujet de devoir pour éviter les erreurs d'interprétation

1. J'examine de près les mots de la consigne

Je surligne les **verbes**	*Recopiez cette phrase et soulignez les adjectifs.*
Je souligne les **mots-clés**	*Recopiez cette phrase et soulignez les adjectifs.*
Je tire des **informations** de chaque mot	*On vous a puni injustement. Racontez...* *On* : aucune précision sur l'auteur de l'injustice → à vous de choisir. *Vous* → récit à la 1re personne du singulier *a puni* : passé composé → récit au passé

Je vérifie si j'ai compris

1. **Je surligne les verbes indiquant les actions à accomplir. Je souligne les mots-clés.**
Vous décrirez un paysage qui vous a frappé(e) et vous exprimerez les impressions ressenties.

2. **À partir des mots en gras, je tire des informations utiles pour traiter ce sujet.**
*Des **amies donnent** leur avis sur la **mode actuelle**. Faites-les **parler**.*
amies → ....
donnent (temps) → ....
mode actuelle → ....
parler → ....

2. J'isole les différentes consignes contenues dans l'énoncé

Je mets une barre entre les **différentes consignes de l'énoncé**	*Relevez les adjectifs / en précisant s'ils sont épithètes ou attributs.*
Je **compte** les consignes, je les **reformule** à la première personne.	*1. Je relève les adjectifs.* *2. Je précise s'ils sont épithètes ou attributs.*

Je vérifie si j'ai compris

3. **Je mets une barre entre les consignes. J'indique le nombre de consignes. Puis je les reformule à la première personne.**
a. Décrivez un objet insolite, puis la pièce où il se trouve, en faisant part de vos réflexions. (......... consignes).
....
b. À quelle personne ce récit est-il fait ? Précisez les temps utilisés et justifiez leur emploi. (......... consignes).
....
....

En résumé

Une consigne doit être lue **attentivement**, car **chaque mot** a son **importance** et constitue un **indice** utile.

Vérifiez que vous avez bien compris en complétant la fiche imprimable.

bordas.media/733822_091

49 L'histoire des mots

d'autres exercices numériques
bordas.media/733822_092

Mon objectif : connaître l'origine des mots ; comprendre ce qu'est l'étymologie

J'observe et je réfléchis

1 Lundi : lat.* *lunae dies* = jour de la Lune
Mardi : lat. *martis dies* = jour de Mars
Mercredi : lat. *mercuri dies* = jour de Mercure
Jeudi : lat. *jovis dies* = jour de Jupiter
Vendredi : lat. *veneris dies* = jour de Vénus

D'après le *Dictionnaire étymologique de la langue française*, BLOCH et VON WARTBURG, 1932.

***lat.** : latin.

a. De quelle langue viennent les mots ci-dessus ? ....

b. Surlignez, dans les jours de la semaine, la syllabe qui est issue du mot *dies*.

c. Les mots d'aujourd'hui sont-ils plus courts ou plus longs que l'expression dont ils sont issus ? ....

J'apprends et je m'exerce

- Le français est **principalement issu du latin**, mais certains mots sont des emprunts faits à d'autres langues : le grec pour les mots savants, l'anglais, l'espagnol, l'arabe, l'italien…
- Rechercher l'histoire d'un mot, c'est rechercher son **étymologie**.

2 * **Surlignez les expressions ou les mots latins encore employés aujourd'hui en français.**

dominus • *post-scriptum* • *servus* • *agenda* • *et cetera* • *forum* • *silva* • *gratis* • *idem* • *bellum* • *imperator* • *memento* • *vademecum* • *civis* • *requiem* • *princeps* • *nota bene* • *recto* • *visa* • *templum* • *ultimatum*

3 ** **Associez les mots à leur langue d'origine. Utilisez un dictionnaire.**

ravioli • parking • hypothèse • académie • algèbre • vasistas • standing • calligraphie • abricot • amiral • barman • ferry • pantalon • pizza • foudre • boulevard • sirop • choucroute • banque • cinéma

grec	allemand	arabe	italien	anglais
....	....	....	....	....
....	....	....	....	....
....	....	....	....	....
....	....	....	....	....

4 ** **Donnez deux mots issus de chacun des termes latins suivants.**

dominus (le maître) : ....
servus (l'esclave) : ....
ambulo (je me promène) : ....
civis (le citoyen) : ....
audio (j'entends) : ....
caput (la tête) : ....

- Il existe deux sortes de mots d'origine latine.
- Les **mots de formation populaire** sont le produit d'une déformation des mots au fil des siècles.
  Spatium → espace
- Les **mots de formation savante** ont été créés plus tardivement, directement à partir du latin.
  Spatium → spatial

5 * **Associez les mots de formation savante et de formation populaire à leur étymologie latine.**

formation savante	mot latin	formation populaire
hôpital •	• *potio* •	• féal
potion •	• *fidelis* •	• hôtel
fidèle •	• *hospitalia* •	• poison

6 ** **Reconstituez les doublets issus de chacun des mots latins. Soulignez les termes de formation savante.**

Un **doublet** est un couple de mots issus d'un même terme latin selon deux formations différentes.

scolaire • métier • ausculter • chose • écolier • nef • cause • mâcher • navire • ministère • article • mastiquer • écouter • orteil

navis → ....

scholaris → ....

ministerium → ....

articulus → ....

causa → ....

auscultare → ....

masticare → ....

J'utilise ce que j'ai appris...

POUR LIRE **7** Le chef alla droit à lui, commença par lui donner sur la tête une tape si violemment appliquée qu'il fit sauter la perruque et rendit à la tête de Colin toute son horreur.

Honoré DE BALZAC, *Le Père Goriot*, 1835.

Cherchez l'origine des mots soulignés.

chef : ....

tête : ....

horreur : ....

POUR DIRE **8** **Chaque élève choisit un nom de fruit, de légume ou d'animal et, après avoir fait une recherche sur son origine, raconte l'histoire de ce mot à la classe.**

POUR ÉCRIRE **9** **Pour chacun des mots suivants, écrivez deux phrases : l'une emploiera le mot dans un sens traditionnel et l'autre dans un sens récent.**

clavier, écran, toile, clé

Autoévaluation

	Oui	Non
J'ai employé le mot *écran* dans 2 sens différents.		
J'ai employé le mot *clavier* dans 2 sens différents.		
J'ai employé le mot *toile* dans 2 sens différents.		
J'ai employé le mot *clé* dans 2 sens différents.		

J'ai obtenu :
■ **1 oui** = Je relis attentivement la consigne et je remanie profondément mon devoir.
■ **2 oui** = Je fais les corrections nécessaires. ■ **3 oui** = C'est bien. ■ **4 oui** = Bravo !

Dans tous les cas, je relis mon brouillon et perfectionne mes phrases.

50 Les préfixes, suffixes et racines d'origine latine et grecque

Mon objectif : comprendre le sens des mots d'après leurs éléments d'origine latine ou grecque

d'autres exercices numériques
bordas.media/733822_094

J'observe et je réfléchis

1 *(Harpagon s'adresse à son argent qu'on lui a volé.)*
Hélas ! mon pauvre argent, mon pauvre argent, mon cher ami, on m'a privé de toi ! Et puisque tu m'es enlevé, j'ai perdu mon **support**, ma consolation, ma joie ; tout est fini pour moi, et je n'ai plus que faire au monde ! Sans toi, il m'est **impossible** de vivre.

MOLIÈRE, *L'Avare*, 1668.

a. Décomposez les mots en gras. Le radical est souligné.

sup<u>port</u> : préfixe + radical → [ ] [ ]

im<u>poss</u>ible : préfixe + radical + suffixe → [ ] [ ] [ ]

b. Entourez le préfixe de ces antonymes. Ces mots sont d'origine grecque.

sympathie / antipathie • monothéisme / polythéisme

J'apprends et je m'exerce

Voici quelques préfixes d'origine latine et leurs différentes orthographes :
- ***ad-*** (« vers »), *ac-, af-, ag-, al-, an-, ap-, ar-, as-, at-* : *admis, accoster, allier, attirer...*
- ***con-*** (« avec »), *co-, col-, com-, cor-* : *conscience, coexistence, collègue, corrélation...*
- ***dis-*** (séparation), *dif-* : *disparaître, diffuser...*
- ***in-*** (« dans », ou négation), *im-, il-, ir-* : *inversion, immigration, illimité, irraisonné...*
- ***sub-*** (« sous »), *suc-, suf-, sug-, sup-* : *submersible, succéder, suffixe, supporter...*

La consonne finale d'un préfixe s'adapte souvent à la première lettre du radical pour donner une **consonne double** :
ad- → *apprendre* ;
in- → *illégal*.

2 * **Entourez les préfixes.**

admirer • arrondir • assembler • attroupement • compagnon • collection • coauteur • convenir • distraire • difficile • insoumis • impatient • illisible • supplier • supposer • suggérer

3 * **Écrivez le contraire de ces adjectifs en les faisant précéder du préfixe *in-* correctement modifié en fonction du radical.**

..........mobile • ....légitime • ....lisible • ....responsable • ....moral

4 * **Complétez ces mots avec les suffixes *-ité, -té, -able, -ible* ou *-âtre*.**

régl............. • intens............. • illis............. • propre............. • gris.............

Voici quelques radicaux d'origine latine :

- ***noct*** : *nuit*
- ***loqu*** : *parler*
- ***corpor*** : *corps*
- ***spect*** : *regarder*
- ***frater (fratr)*** : *frère*
- ***nav*** : *bateau*
- ***leg*** : *loi*
- ***vor*** : *manger*

5 ** **Trouvez un mot français formé à partir de chacun des radicaux ci-dessus.**

....

....

6 ** **Associez chacun des mots français (a.) à sa traduction en latin (b.). Puis trouvez un mot français ayant le même radical que le mot latin.**

a. champ, tout, poisson, travail, paix

b. piscis : .... / .... • pax (pacis) : .... / ....
ager (agris) : .... / .... • omnis : .... / ....
travail : .... / ....

Voici quelques préfixes et mots d'origine grecque :

- *syn-, sy-, syl-, sym-* (« avec ») : *symphonie*
- *hyper-* (« au-dessus », « supérieur ») : *hypertension*
- *hypo-* (« en dessous », « trop peu ») : *hypotension*
- *poly-* (« nombreux ») : *polythéisme*
- *mono-* (« seul ») : *monothéisme*
- *ortho-* (« droit ») : *orthographe*
- *cycl(o)-* (« cercle ») : *cyclomoteur*
- *chrono-* (« temps ») : *chronologie*
- *cosmo-* (« monde ») : *cosmonaute*
- *géo-* (« terre ») : *géographie*

7 ** **Faites précéder les radicaux de *hypo-* (« en dessous ») ou de *hippo-* (« cheval »).**

...............thèse • ....drome • ....allergénique • ....campe

8 * **Complétez ces mots avec des préfixes étudiés ci-dessus.**

...............marché • ....culture • en...............pédie • ....gone
...............pathie • ....ope

9 * **Le radical d'origine grecque -*chrom*- signifie *couleur*. Trouvez le sens des adjectifs *monochrome* et *polychrome*.**

monochrome : ....

polychrome : ....

10 ** **Composez des mots en associant deux éléments d'origine grecque.**

anthropo (homme) • graphe/graphie (écrire) • phage (manger) • démo (peuple) • archéo (ancien) • bio (vie) • cratie (pouvoir) • logie (science) • chrono (temps)

....

....

J'utilise ce que j'ai appris...

11 Nous accueillons un collaborateur sympathique et hyperactif, possédant une orthographe irréprochable, pour travailler pendant une période illimitée. Il est polyglotte, qualité indispensable pour les affaires.

Surlignez les dix préfixes étudiés dans les encadrés.

1 point par préfixe trouvé ■ Ma note : .... / 10

POUR DIRE **12** **Concours de la phrase (acceptable !) contenant le plus de préfixes et de mots d'origine grecque figurant dans la leçon de l'encadré bleu.**

POUR ÉCRIRE **13** **Composez des phrases avec ces mots :**
chronomètre • encyclopédie • polyvalent • orthogonal • hypersensible • géologie.

51

Les différents sens d'un mot : sens propre et sens figuré

d'autres exercices numériques
bordas.media/733822_096

Mon objectif : comprendre la notion de polysémie ; différencier le sens propre et le sens figuré

J'observe et je réfléchis

1 **Certains mots ont plusieurs sens : complétez le tableau en devinant à quels noms correspondent les définitions proposées.**

mot	sens 1	sens 2
....	trait continu	fil muni d'un hameçon
....	miroir	dessert très froid
....	partie de la bouche	demeure princière

J'apprends et je m'exerce

- Certains mots n'ont qu'un seul sens : *écureuil*, *stylo*. Mais la plupart ont plusieurs sens. Ils sont polysémiques : *jouer un air de musique entraînant* • *avoir l'air satisfait* • *prendre l'air*.

2 * **Parmi ces mots, surlignez ceux qui peuvent avoir plusieurs sens.**

manquer • tour • ordinateur • théière • automobile • soigner • gorge • limpide • plombier • marcher • cher • règle • tournevis • mine • courgette

3 * **Employez le nom *note(s)* dans trois phrases où il aura un sens différent.**

1. ....
2. ....
3. ....

- Le sens d'un mot peut **varier** selon le **domaine de vocabulaire** où il est utilisé : *la clé de la porte* (sens courant) • *une clé à molette* (outillage) • *la clé de sol* (musique).

4 * **Indiquez à quel domaine de vocabulaire appartient chacun des mots en gras.**

1. Tu ne connais pas les **tables** de multiplication. → ....
2. Nous prendrons le café sur la **table** du salon. → ....
3. La **table** des matières est à la fin de l'ouvrage. → ....

- Le sens propre d'un mot est son sens le plus **courant**. Son sens figuré est un sens **imagé** : *la pointe aiguë du couteau* (sens propre) • *une note de musique aiguë* (sens figuré).
- Le sens d'un mot peut **varier** selon son **contexte** : *une orange très douce* • *parler d'une voix douce*.

5 * **Placez correctement ces adjectifs dans les couples d'expressions ci-dessous, puis soulignez ceux employés au sens figuré : *chaud, lumineux, blessant, vertigineux*.**

1. Des paroles ...., une lame ....
2. Une pente ...., une somme ....
3. Une .... ambiance, une boisson ....
4. Une couleur ...., une idée ....

6 * **Soulignez les mots en gras employés au sens figuré.**

1. Il fait très **froid** ici. • 2. On m'a réservé un accueil **glacial**. • 3. Le temps **s'écoule** lentement. • 4. Ses paroles nous **ont réchauffé** le cœur. • 5. Il **pleut** très fort.

7 ** **Employez chaque verbe dans deux phrases : a. au sens propre ; b. au sens figuré.**

1. avancer : a. ....

b. ....

2. brûler : a. ....

b. ....

- Le sens d'un mot peut **varier** selon son **niveau de langue**.
  La soupe est trop salée. (courant) / *L'addition est salée*. (familier)

8 ** **Employez ce mot dans deux phrases, avec des sens différents selon le niveau de langue. Soulignez l'emploi au sens figuré.**

canard : a. (courant) ....

b. (familier) ....

J'utilise ce que j'ai appris...

POUR LIRE **9** On **touchait** aux derniers jours de novembre : le Jardin impérial de Vienne **était** désert, une bise **aiguë** faisait **tourbillonner** les feuilles couleur de safran et **grillées** par les premiers froids ; les rosiers des parterres, **tourmentés** et rompus par le vent, laissaient traîner leurs **branchages** dans la boue. Cependant la grande allée, grâce au sable qui la recouvre, était sèche et praticable. Quoique dévasté par l'hiver, le Jardin impérial ne manquait pas d'un certain charme **mélancolique**.

Théophile GAUTIER, *Deux Acteurs pour un rôle*, 1841.

a. **Soulignez les mots en gras qui sont employés au sens figuré.**
b. **Employez les mots en rouge avec un sens différent de celui du texte.**

....

....

POUR DIRE **10** **Seul(e) ou à plusieurs, improvisez des petites scènes humoristiques sur des confusions possibles entre sens propre et sens figuré :** ***prendre ses jambes à son cou, avoir la main verte, tomber dans les pommes*, etc.**

POUR ÉCRIRE **11** **Imaginez un dialogue amusant entre deux personnes à propos de ces mots : *souris* et *puce*. L'une parle d'animaux, l'autre de souris d'ordinateur et de puce électronique.**

Autoévaluation

	Oui	Non
J'ai écrit un dialogue entre deux personnes.		
J'ai donné un ton humoristique à mon dialogue.		
J'ai construit le dialogue autour d'un malentendu sur *souris* et *puce*.		
Un de mes personnages emploie *souris* et *puce* au sens propre. L'autre emploie *souris* et *puce* au sens figuré.		

J'ai obtenu :
- **1 oui** = Je relis attentivement la consigne et je remanie profondément mon devoir.
- **2 oui** = Je fais les corrections nécessaires.
- **3 oui** = C'est bien.
- **4 oui** = Bravo !

Dans tous les cas, je relis mon brouillon et perfectionne mon dialogue.

52 La situation d'énonciation et les niveaux de langue

Mon objectif : savoir définir une situation d'énonciation ; différencier les niveaux de langue

d'autres exercices numériques
bordas.media/733822_098

J'observe et je réfléchis

1 1. Vite, dépêche-toi ! ....
2. Pourriez-vous hâter le pas ? ....
3. Tu t'grouilles, oui ! ....

a. **Ces phrases ont-elles le même sens ?** ....
b. **Pour chacune, indiquez si elle est dans un langage familier, courant ou soutenu.**

J'apprends et je m'exerce

- Un **énoncé** écrit ou oral doit être adapté à :
  → la **situation d'énonciation** : Qui parle ? À qui ? En quel lieu ? À quel moment ?
  → au **niveau de langue** du narrateur et des personnages.
- On dispose de **trois niveaux de langue** adaptés aux différentes situations :
  – le niveau **courant** est le langage « courant » et correct de la vie quotidienne ;
  – le niveau **soutenu** est un langage recherché, employé surtout à l'écrit ;
  – le niveau **familier** est un langage négligé, utilisé quand on ne se surveille pas.

2 * a. **Précisez dans quelle situation une fille ou un garçon de votre âge pourrait prononcer chacune de ces phrases.** b. **Indiquez son niveau de langue.**

1. Ce matin nous avons fait un contrôle d'histoire.
a. ....
b. ....
2. Fais gaffe à c'que tu dis.
a. ....
b. ....
3. Je suis sincèrement touché(e) et vous adresse mes plus vifs remerciements.
a. ....
b. ....

3 * **Reliez chaque phrase à son niveau de langue.**

1. Prête-moi ton livre, s'il te plaît. •	• familier
2. Tu m'le files, ton bouquin ! •	• soutenu
3. Pourrais-je consulter votre ouvrage ? •	• courant

4 * **Indiquez quel niveau de langue vous pourriez utiliser dans ces situations.**

1. Vous discutez entre copains d'une sortie faite avec votre classe. ....
2. Vous écrivez au président de la République pour faire une requête. ....
3. Vous vous adressez à un de vos professeurs. ....

- Le **niveau courant** est un langage neutre, précis et simple mais parfaitement correct. *Est-ce que vous n'avez pas compris ma question ?*
- Le **niveau familier** se caractérise par des **termes** qualifiés de familiers, des **constructions grammaticales** relâchées : absence de la négation *ne*, phrases interrogatives construites comme des phrases déclaratives, etc. *T'as pas pigé ma question ?*

5 **[*] Soulignez les phrases appartenant à un niveau de langue familier et réécrivez-les dans un niveau de langue courant.**

1. Il est à qui ce clébard ? • 2. Un âne suivait un chemin rocailleux. • 3. Que ce contretemps est fâcheux ! • 4. Je crèche pas dans c'te baraque. • 5. J'en ai ras-le-bol de ce boulot. • 6. On a bien rigolé.

....

....

• Le **niveau soutenu** se caractérise par un vocabulaire et des constructions grammaticales recherchés ou rares. On a l'impression que celui qui l'emploie parle comme un livre.
N'auriez-vous pas saisi le sens exact de ma question ?

Est-ce que vous venez ?
→ ***Venez-vous ?***
(→ p. 35)

6 **[**] Réécrivez ces phrases interrogatives en langage soutenu.**

1. Est-ce que vous avez compris ? ....
2. Est-ce que le film a eu du succès ? ....
3. Quand est-ce qu'ils partent ? ....

7 **[**] Observez la construction de ces phrases et indiquez leur niveau de langue.**

1. Où êtes-vous ? Qu'y a-t-il ? .... 2. Nous, on a fini. ....
3. C'est pas du tout facile. .... 4. Est-ce que le film vous a plu ? ....

J'utilise ce que j'ai appris...

POUR LIRE **8** Pomme tient le portrait du Chien devant elle. Elle penche la tête.
– C'est toi, ça ? Très joli ! Mais je vais te dire, Le Chien : t'es plus joli en vrai.
Puis après un regard à la ronde :
– Elle est chouette, ma chambre, dis donc. Jamais été aussi chouette. On y dormira bien, toi et moi.

Daniel Pennac, *Cabot-Caboche*, © Nathan, 1982.

a. **Définissez la situation d'énonciation des répliques de dialogue.** ..../3
Qui parle ? .... **À qui ?** ....
Où ? ....
b. **Quel est le niveau de langue de la première phrase ?** ..../2
c. **Quel est le niveau de langue des répliques de dialogue ?** ..../2
Pourquoi l'auteur l'a-t-il utilisé ? ..../3
....

Ma note : .... / 10

POUR DIRE **9** [par groupes de deux] **Improvisez un dialogue entre un chat de gouttière et un chat de race habitué à remporter des prix dans les concours félins.**

POUR ÉCRIRE **10** **Voici deux séries de trois synonymes appartenant à des niveaux de langue différents : a. *fatigué(e)* • *crevé(e)* • *épuisé(e)* ; b. *se tirer* • *partir* • *s'enfuir*.
Écrivez six phrases, chacune d'elles contenant un de ces mots.
Respectez leur niveau de langue.**

53 Le vocabulaire du roman et de la comédie

d'autres exercices numériques
bordas.media/733822_100

Mon objectif : connaître et employer le vocabulaire d'un thème du programme

J'observe et je réfléchis

1 Voici les définitions de deux genres littéraires.

1. Pièce de théâtre destinée à faire rire ou sourire le public.
2. Long récit d'imagination, écrit en prose, qui raconte les aventures d'un héros principal.

a. **Quelle définition désigne :** le roman 1 ☐ 2 ☐ • la comédie 1 ☐ 2 ☐ ?

b. **Soulignez le vocabulaire qui vous a mis(e) sur la voie.**

J'apprends et je m'exerce

- Un **roman** est un long **récit** qui raconte des faits **imaginaires**.
- Le roman est écrit par un **auteur** pour des **lecteurs** et il est publié par un **éditeur**.

2 * **Complétez les phrases ci-dessous avec ces mots, au singulier ou au pluriel :** *auteur, narrateur, héros, personnage, lecteur*.

1. Dans ce roman, les .... secondaires sont tous des adultes, mais le .... est un adolescent.
2. Le .... est celui qui raconte l'histoire, à la 1re ou à la 3e personne.
3. J. M. G. Le Clézio est un .... contemporain.
4. Les romans d'aventures attirent souvent les jeunes ....

- Un roman est une **fiction**. Les faits racontés peuvent être **réalistes** (romans d'**aventures**, **policiers**, **historiques**…) ou éloignés de la réalité (romans **fantastiques**, d'**anticipation**, de **science-fiction**).
- Les **biographies** et **autobiographies** racontent la vie de personnages réels.

3 * **Complétez les définitions ci-dessous avec ces catégories de romans :** *robinsonnade, roman de science-fiction, roman de cape et d'épée, autobiographie*.

1. Long récit qui se déroule dans le futur : ....
2. Long récit mettant en scène des aventures et des duels : ....
3. Récit de sa propre vie : ....
4. Long récit se déroulant sur une île déserte : ....

- Une **comédie** est une **pièce de théâtre**. Elle est donc destinée à être **mise en scène** et jouée devant un **public** par des **comédiens** qui échangent des **répliques**.
- Elle se déroule en trois parties : l'**exposition** qui informe le spectateur sur la situation et l'identité des personnages, le **nœud** avec ses péripéties et ses obstacles à surmonter, et le **dénouement** qui résout le conflit et qui est **heureux**, contrairement à la tragédie.

4 * **Associez les mots ou expressions à leur définition. Vous pouvez vous aider d'un dictionnaire.**

monologue •	• première scène
tirade •	• indication concernant le décor, les gestes, le ton
didascalie •	• longue réplique
scène d'exposition •	• discours qu'un personnage se tient à lui-même

- La comédie a pour but de **divertir** le public. Elle fait rire en **dénonçant** les défauts et le **ridicule** des gens. Elle puise ses sujets dans la **vie quotidienne**.
- La comédie a recours à différentes formes de **comique** : comique de **situation**, de **caractère**, de **mots**, de **gestes**…

Vous pouvez vous aider d'un **dictionnaire**.

5 ** **Parmi tous ces mots, soulignez ceux qui sont en rapport avec le comique.**

burlesque • pitrerie • émouvant • caricature • satire • dérision • sérieux • bouffonnerie • gravité • cocasse • drame

6 ** **Classez dans le tableau ces différentes façons de faire rire au théâtre.**

jeux de mots • quiproquo • chutes • gourmandise • personnage caché qui entend tout • coups de bâton • grimaces • bégaiement • avarice • poltronnerie

comique de situation	comique de caractère	comique de mots	comique de gestes
....	....	....	....
....	....	....	....
....	....	....	....

- Certains genres de comédie correspondent à certaines époques :
la **farce** (Moyen Âge), la **comédie-ballet** (XVIIe siècle), le **vaudeville** (XIXe siècle).

7 * **Complétez ces phrases avec les mots *farce, comédie-ballet, vaudeville*.**

1. Molière a écrit plusieurs .... que Louis XIV appréciait.
2. La .... *de Maître Pathelin* a été composée vers 1456.
3. Labiche, Feydeau et Courteline sont des auteurs de ....

J'utilise ce que j'ai appris…

POUR LIRE 8

1. Jules Verne est un .... de .... d'.......................... qui passionnent encore les .... modernes. Il raconte des faits .... vécus par des .... d'origines diverses.
2. Georges Feydeau (1862-1921) a fait jouer ses .... dans de nombreux .... parisiens. Ses pièces sont essentiellement des ...., genre théâtral comique très apprécié du grand .... à la fin du XIXe siècle.

Complétez ces textes avec des mots relatifs au roman et à la comédie, pris dans les encadrés.

1 point par réponse juste ■ Ma note : ..../ 10

POUR DIRE 9 **Chacun(e) présente un roman lu récemment et fait un commentaire contenant le plus possible de mots étudiés dans la leçon.**

POUR ÉCRIRE 10 a. **Écrivez une courte fiche sur un roman que vous avez lu récemment. Vous devrez utiliser les mots *roman, auteur, personnage, héros*.**
b. **Rédigez un paragraphe sur Molière en utilisant au moins trois de ces mots : *comédie, comédien, comique, comédie-ballet, amuser, public*.**

54 Le vocabulaire de l'imaginaire, de l'utopie et du merveilleux

+ d'autres exercices numériques
bordas.media/733822_102

Mon objectif : connaître et employer le vocabulaire d'un thème du programme

J'observe et je réfléchis

1 1. Ils arrivèrent devant une maison blanche aux volets verts.
Ils frappèrent à la porte et une jeune fille souriante vint leur ouvrir.
2. Ils arrivèrent devant une maison minuscule. Ils frappèrent à la porte et un chat souriant, portant un chapeau à plume, leur ouvrit et leur souhaita la bienvenue.

Soulignez les mots qui qualifient le texte 1 et surlignez ceux qui qualifient le 2.
imaginaire • réaliste • possible • irréel • conte • invention • banal • étrange

J'apprends et je m'exerce

- L'**imaginaire**, c'est ce qui existe dans notre **imagination** et non dans la **réalité**.
C'est aussi ce que **produit** notre imagination : *univers imaginaires, fictions, contes, légendes, mythes, fables, récits merveilleux ou fantastiques*.

Vous pouvez chercher dans un **dictionnaire** la signification des mots que vous ne connaissez pas.

2 * **Soulignez les mots qui appartiennent au domaine de l'imaginaire et surlignez ceux qui appartiennent au domaine de la réalité.**
irréel • fictif • exact • historique • réel • invention • rationnel • fantastique • vrai • rêvé • palpable • vision • effectif

3 * **Pour chacun de ces adjectifs, trouvez le nom qui en est l'origine.**
fabuleux .... • mythique .... • légendaire .... • féerique ....

4 ** **Associez chacun de ces mots à sa définition : *mythe, chimère, fiction*.**
1. animal mythique possédant une tête de lion, un corps de chèvre et une queue de dragon ; désigne, par extension, une illusion, un rêve un peu fou : ....
2. création de l'imagination : ....
3. récit légendaire, mettant en scène des dieux et des personnages hors du commun : ....

5 ** **En vous aidant de l'encadré et des exercices ci-dessus, établissez le champ lexical de l'imaginaire. Enrichissez-le de synonymes et de mots de la même famille.**
....
....
....
....

- Le mot **utopie** désigne un **projet idéal**, souvent politique ou social, qui paraît **irréalisable**.
Il relève du *rêve*, de l'*illusion*. C'est un *mirage*, une *chimère*.
- **L'utopie** est également un **genre littéraire** qui décrit une **société idéale**, découverte à l'issue d'un **voyage lointain**, très différente de ce que l'on connaît ou pratique.

6 * **Parmi ces mots, soulignez ceux qui appartiennent au domaine de l'utopie.**
but, réalisable, invention, facile, souhait, rêve, chimère, réaliste, mirage, illusion, leurre, fantasme

7 ** **Imaginez une société idéale, mais difficilement réalisable. La liste ci-dessous concerne les buts recherchés. Complétez-la.**

paix, harmonie, bonheur, ...

....

8 ** **Quelles phrases concernent un projet de ville utopique ? Soulignez les expressions qui vous ont permis de répondre.**

1. Chaque citoyen respectera la propreté des rues.
2. Il n'y aura plus d'engin de locomotion car on se dirigera par la seule force de la volonté.
3. Le programme d'urbanisation prévoit de nombreux espaces verts.
4. Cette ville est conçue pour que les habitants vivent toujours dans un bonheur perpétuel.

- Le **merveilleux** en littérature désigne ce qui est *prodigieux*, *extraordinaire*, qui relève de la *magie* ou du *miracle*, qui est produit par une *intervention surnaturelle*.
- Il met en scène des : *fées, sorcières, magiciens, lutins, ogres, dragons, animaux doués de la parole, objets enchantés*…
- Dans un récit merveilleux, les **personnages acceptent** sans surprise les phénomènes **surnaturels**. Ils font preuve de *crédulité*.

9 * **a. Soulignez le mot *merveilleux* qui a son sens moderne, courant.**

1. Ils arrivèrent devant le puits merveilleux, tournèrent autour et firent trois vœux.
2. Le coucher du soleil sur la mer offrait un merveilleux spectacle.

b. Remplacez-le par un synonyme : ....

c. Remplacez l'autre mot *merveilleux* par un synonyme : ....

10 * **Parmi ces adjectifs, soulignez ceux qui appartiennent au domaine du merveilleux.**

étonnant • surnaturel • banal • miraculeux • logique • stupéfiant • surprenant • ordinaire • quotidien • fabuleux • naturel • admirable

J'utilise ce que j'ai appris…

POUR LIRE **11** 1. Alors elle lui a donné l'anneau et lui a dit qu'il a le pouvoir, quand la pierre est tournée vers l'intérieur, de cacher si bien son porteur que personne ne le voit. Celui qui enferme la pierre dans sa main ne craint rien.

CHRÉTIEN DE TROYES, *Yvain ou le Chevalier au lion*, vers 1176.

2. Toute leur vie était dirigée non par les lois, statuts ou règles, mais selon leur bon vouloir. Ils se levaient du lit quand bon leur semblait, buvaient, mangeaient, travaillaient, dormaient quand le désir leur venait.

François RABELAIS, *Gargantua*, 1534.

a. Pour chacun de ces textes, précisez si c'est un exemple d'utopie ou de merveilleux.

Texte 1. .... **Texte 2.** ..../4

b. Trouvez, pour chaque texte, trois mots qui le qualifient.

1. .... 2. ..../6

Ma note : .... **/ 10**

POUR DIRE **12** **Chacun(e) lit un texte dont la caractéristique est l'imaginaire, l'utopie ou le merveilleux, et fait un commentaire contenant le plus possible de mots étudiés dans la leçon.**

POUR ÉCRIRE **13** **Écrivez un texte inspiré par un des deux extraits ci-dessus. Utilisez le plus possible un vocabulaire qui mette en évidence son caractère imaginaire.**

55 Le vocabulaire des relations sociales : la famille et les amis

d'autres exercices numériques
bordas.media/733822_104

Mon objectif : connaître et employer le vocabulaire d'un thème du programme

J'observe et je réfléchis

1 1. Vient d'un mot latin qui désignait l'ensemble des habitants d'une maison. ....

2. A pour origine un mot latin qui signifie *aimer*. ....

3. Ensemble de personnes vivant en groupe organisé. ....

4. Qui concerne les relations dans un groupe organisé de personnes. ....

5. Ensemble formé d'éléments qui communiquent ou s'entrecroisent. ....

Indiquez à quelle phrase ci-dessus correspond chacun de ces mots : *social, société, réseau, famille, amis.*

J'apprends et je m'exerce

- Une **famille** est une **communauté** de personnes unies par un **lien de parenté** : *parents, enfants, frères, sœurs, grands-parents, oncles, tantes, cousins, cousines, neveux, nièces, gendres, brus, beaux-pères, belles-mères…*
- La famille est un lieu d'**éducation**. Les parents **élèvent** leurs enfants et les **protègent**. Ils leur donnent un **modèle**, leur transmettent des **valeurs**, des **limites**.
- L'éducation peut être *stricte, autoritaire, sévère* ou *libérale, laxiste, permissive*.

2 * **Complétez ces phrases.**

1. Les enfants des mes grands-parents sont ....
2. Les enfants de mes oncles et de mes tantes sont ....
3. Une fratrie est l'ensemble des ....

3 * **Associez chacun de ces adjectifs à sa définition : *monoparentale, recomposée.***

1. Famille constituée d'un seul parent et de ses enfants. ....
2. Famille formée d'un couple et d'enfants nés d'une précédente union. ....

- Selon l'âge, les enfants ont un lien de **dépendance** avec leurs parents ou apprennent l'**autonomie**. Ils **acceptent** l'autorité des parents (*respect, obéissance*), ou la **refusent** (*opposition, contestation, désobéissance*).
- Les relations entre les membres d'une famille peuvent être harmonieuses (*entente, affection, solidarité*) ou **conflictuelles** (*désaccord, tension, rébellion, insoumission*).

4 * **Dans les relations familiales, la communication joue un rôle important. Trouvez des mots appartenant au champ lexical de la communication et de son contraire.**

....

....

5 ** **Complétez la liste des comportements qui favorisent l'harmonie d'une famille.**

entente, solidarité, ...

....

6 ** **Complétez la liste des comportements qui nuisent à l'harmonie d'une famille.**

intolérance, égoïsme, ...

....

- L'**amitié** est un sentiment d'**affection réciproque**, d'**attachement mutuel** entre deux personnes qui ne sont pas de la même famille.
- Il existe **différentes formes d'amitié** : *camaraderie, sympathie, cordialité, attachement, affection, entente, tendresse*…
- Une amitié peut être *naissante, indissoluble, précieuse, fraternelle*…

7 * **Classez ces mots dans le tableau.**

entente • répulsion • sympathie • hostilité • accord • concorde • antipathie • fraternité • inclination • malveillance • aversion • tendresse • cordialité • attachement • affinité • séparation

synonymes d'*amitié*	antonymes d'*amitié*
....	....
....	....
....	....

- Il existe différents **degrés** et **formes** de relations entre les **amis**. Ils peuvent être des *camarades, connaissances, relations, copains, compagnons, compagnes, collègues*…
- Entre eux règnent *l'harmonie, la bienveillance, la complicité, la confiance, l'entraide*…
- Quand l'amitié est en **crise**, elle aboutit à *une dispute, un désaccord, une rupture*…

8 ** **Complétez cette liste des comportements à adopter pour entretenir une amitié.**

indulgence, partage, ...

....

9 ** **Quels défauts ou comportements peuvent nuire à l'amitié ?**

....

J'utilise ce que j'ai appris…

POUR LIRE **10** De tous les biens que la sagesse procure à l'homme pour le rendre heureux, il n'en est pas de plus grand que l'amitié. C'est en elle que l'homme trouve son appui. C'est moins l'intervention de nos amis qui nous aide mais le fait de savoir que nous pourrons toujours compter sur eux.

ÉPICURE (342-270 avant J.-C.), *Maximes*.

a. **Soulignez les mots importants.** ..../5

b. **Puis reformulez, avec vos propres mots, la pensée d'Épicure.** ..../5

....

....

....

Ma note : ..../ 10

POUR DIRE **11** **Donnez votre avis sur la pensée d'Épicure présentée dans le texte ci-dessus. Développez-la en donnant votre propre opinion.**

POUR ÉCRIRE **12** **Vous avez un(e) ami(e) préféré(e). Racontez comment est née cette relation. Présentez quelques anecdotes mettant en évidence l'amitié qui vous unit. Expliquez pourquoi vous êtes proches.**

56 Le vocabulaire de l'héroïsme

d'autres exercices numériques
bordas.media/733822_106

Mon objectif : connaître et employer le vocabulaire d'un thème du programme

J'observe et je réfléchis

1 Voici deux définitions du nom *héros*. À laquelle s'applique l'adjectif *héroïque* ?

1. ☐ Personnage qui se distingue par un courage exceptionnel face au danger.
2. ☐ Celui qui tient le rôle principal dans un roman, un film...

J'apprends et je m'exerce

Vous pouvez chercher dans un **dictionnaire** la signification des mots que vous ne connaissez pas.

- Un **héros** ou une **héroïne** est celui ou celle qui se distingue par un **courage** exceptionnel face au **danger**. Il fait preuve de *force de caractère, de générosité, de dévouement*. Son comportement est *exemplaire*. On parle alors d'**héroïsme**.
- C'est aussi celui ou celle qui tient le **rôle principal** dans un roman, un film...
  Jim Hawkins est le héros du roman L'Île au trésor *de Stevenson*.

2 * Relevez les groupes de mots soulignés et notez-les ci-dessous, selon qu'ils concernent un comportement héroïque ou non.

> Et tous tremblaient, pleins de crainte, et nul n'osait. Et mon cœur hardi me poussa à combattre, confiant dans mes forces, bien que le plus jeune de tous. Je combattis et Athéna m'accorda la victoire et je tuai ce très robuste et très brave guerrier.
>
> HOMÈRE, *Iliade*, VIIIe siècle av. J.-C.

Les héros : ....

....

Les anti-héros : ....

- Un personnage **héroïque** est : *brave, valeureux(-se), audacieux(-se), hardi(e), vaillant(e), fougueux(-se), indomptable, stoïque*...
- Il accomplit des **actes de bravoure** : *actions d'éclat, prouesses, exploits*...
- Il **affronte le danger** : *il fait face, s'expose, n'a pas froid aux yeux*...

3 * Parmi ces qualités, soulignez celles qui concernent le courage.

valeureux • noble • remarquable • téméraire • ardent • aventureux • chevaleresque • généreux • intrépide • dévoué

4 ** Classez ces mots.

haut fait • ennemis • épreuves • prouesse • exploit • guet-apens • piège

dangers affrontés : ....

actes remarquables : ....

5 ** En vous aidant des encadrés et des exercices ci-dessus, établissez le champ lexical de l'héroïsme. Enrichissez-le de synonymes et de mots de la même famille.

....

....

....

- Les **épopées**, ou **poèmes épiques** (l'*Iliade*, l'*Odyssée*, *La Chanson de Roland*), racontent des aventures **héroïques**, **extraordinaires**, où intervient le **merveilleux** (→ p. 103).
- Le héros **antique** est un **demi-dieu** ou un personnage **humain** devenu **légendaire**.
- Au **Moyen Âge**, les héros sont des **preux**, qui se battent pour **Dieu** et leur **roi**.
- Ensuite, les héros ou héroïnes perdent leur caractère légendaire et deviennent **réalistes**.

6 ** **Classez dans le tableau ces héros et héroïnes littéraires d'époques différentes.**

d'Artagnan • Ulysse • Iseut • Robin des bois • Antigone • Cyrano • Roland (de Roncevaux) • Emma Bovary • Hercule • Pénélope • Chimène • Énée • Lancelot

Antiquité	Moyen Âge	époques classique et moderne
....	....	....
....	....	....

- Le nom féminin (*une*) ***geste*** raconte l'ensemble des actions d'un héros.
  On a appelé ***chansons de geste*** de longs poèmes épiques, composés du XIe au XIVe siècle, pour chanter les exploits de héros **chevaleresques**, dans une société **féodale**.

7 * **Laquelle de ces deux œuvres est une chanson de geste ?**

l'*Odyssée* (VIIIe siècle av. J.-C.) ☐ • *La Chanson de Roland* (XIIe siècle) ☐

J'utilise ce que j'ai appris…

POUR LIRE **8** Roland est preux et Olivier sage. Tous deux ont un courage merveilleux. Une fois à cheval et en armes, jamais la peur de la mort ne les fera éviter une bataille. Les deux comtes sont bons et leurs paroles sont nobles. Les traîtres ennemis chevauchent furieusement.

Olivier dit : « Roland, voyez ! Ils sont près de nous, mais Charles est trop loin ! Votre olifant*, vous n'avez pas daigné en sonner. Si le roi était là, nous ne serions pas en péril. » Roland répond : « Ne parlez pas si follement ! Honni le cœur qui dans la poitrine devient lâche ! Nous tiendrons fermement, sur place. C'est nous qui mènerons joutes et mêlées. » […]

Quand Roland voit qu'il y aura bataille, il se fait plus fier que lion ou léopard.

La Chanson de Roland, 1555.

* **Olifant** : instrument fait à partir d'une corne, utilisé dans les guerres pour donner un signal.

a. **Soulignez ce qui prouve que Roland est « preux ».** .... /4

b. **Surlignez ce qui prouve qu'Olivier est « sage ».** .... /3

c. **Relevez ce qui exprime le caractère héroïque des deux chevaliers.** .... /3

....

....

Ma note : .... **/ 10**

POUR DIRE **9** **Racontez un acte d'héroïsme auquel vous avez assisté ou que vous avez vu à la télévision. Pensez à utiliser du vocabulaire étudié dans la leçon.**

POUR ÉCRIRE **10** **Il y a sans doute un héros ou une héroïne que vous admirez particulièrement. Présentez-le (-la), en insistant sur ses actes et sur ses traits de caractère.**

57 Les figures de style : comparaison, métaphore, personnification

d'autres exercices numériques
bordas.media/733822_108

Mon objectif : reconnaître, dans les textes, les figures de style les plus courantes ; savoir les employer dans mes écrits

J'observe et je réfléchis

1 Comme un navire qui s'éveille
Au vent du matin,
Mon âme rêveuse appareille*
Pour un ciel lointain

Charles BAUDELAIRE.

* **Appareille** : quitte le port (pour un navire).

a. À quoi *mon âme rêveuse* est-elle comparée dans ces vers ? ....

b. Dans le 1er vers, quel mot établit le lien de comparaison ? ....

c. Quel mot, dans le 3e vers, prolonge la comparaison ? ....

Est-il introduit par un outil de comparaison ? ....

d. Quel mot attribue au navire une caractéristique humaine ? ....

J'apprends et je m'exerce

- La **comparaison** établit une ressemblance entre deux éléments en utilisant un **outil de comparaison** : *comme, tel, ainsi que, ressembler à, semblable à, pareil à*, etc.
Tony est rouge comme une tomate. Tony est le **comparé** et *une tomate* le **comparant**.

2 * **Associez les éléments pour constituer des comparaisons.**

Il est muet •	• comme une pie.
Il nage •	• comme un renard.
Il est rusé •	• comme une carpe.
Il est fort •	• comme un poisson.
Il est bavard •	• comme un tigre.

3 * **Dans chacune de ces comparaisons, soulignez de deux traits ce qui est comparé et d'un trait ce à quoi on le compare. Entourez l'outil de comparaison.**

1. Cette chambre est douillette comme un petit nid.
2. Je trouve que Lise ressemble beaucoup à son père.
3. Avec ce manteau tu as l'air d'un sac.
4. Tels de courageux petits ouvriers, les castors construisent une digue.
5. La rivière se déroule dans la plaine, ainsi qu'un ruban scintillant.
6. Les nuages sont semblables à des moutons courant dans un pré.

4 ** **Ce texte contient deux comparaisons. Soulignez de deux traits le comparé et d'un trait le comparant. Entourez l'outil de comparaison.**

Comme les premiers grains d'une giboulée, quelques sauterelles se détachèrent, distinctes, roussâtres. À perte de vue les champs étaient couverts de criquets, de criquets énormes, gros comme le doigt.

D'après Alphonse DAUDET, *Les Lettres de mon moulin*, 1869.

- La **métaphore** établit, elle aussi, une ressemblance entre deux éléments, mais **sans utiliser d'outil de comparaison.**
Le ciel se reflète dans le miroir de la mer. → *la mer* est le **comparé**, *le miroir* le **comparant**.

5 **Repérez les métaphores. Soulignez de deux traits le comparé et d'un trait le comparant.**

1. J'écoute la musique de la pluie sur les arbres. • 2. Le papillon vient butiner une fleur et déploie ses ailes de velours. • 3. Des flots de musique ruissellent de partout.

- La **personnification** consiste à attribuer à un objet ou à un animal des **caractéristiques humaines.**
Les feuilles dansaient dans le vent.

6 **Complétez le tableau.**

1. Le ruisseau tranquille continue son petit bonhomme de chemin.
2. Le vent, furieux, hurle contre la nature terrifiée.
3. Le moustique audacieux s'adressa en ces termes au lion, roi de la forêt.

élément personnifié	termes de la personnification
....	....
....	....
....	....
....	....
....	....

J'utilise ce que j'ai appris...

POUR LIRE **7** La pluie vint du nord. Elle se mit d'abord à danser sur les chardons larges comme des peaux de tambour. Elle courut sur la droite, puis vers la gauche. Elle rétrécissait la lande autour des hommes. **Les fourrés de genévriers fondaient sous elle** puis disparaissaient, enfin elle s'avança, raide et froide, et, penchée sur le vent, elle frappa droit devant elle.

Jean GIONO, *Le Chant du monde*, © Gallimard, 1934.

a. **Relevez une comparaison ; soulignez de deux traits le comparé et d'un trait le comparant.** ..../4
b. **Surlignez quatre verbes d'action qui personnifient la pluie.** ..../4
c. **Quelle figure de style la proposition en gras contient-elle ?** ..../2
....

Ma note : ..../ 10

POUR DIRE **8** **Chacun(e) propose trois phrases avec une comparaison, une métaphore, une personnification. On retient les phrases les plus originales ou les plus poétiques.**

POUR ÉCRIRE **9** **Écrivez un petit texte imagé racontant une promenade dans la campagne, par une belle journée. Utilisez au moins une comparaison, une métaphore et une personnification.**

Évaluation

Le vocabulaire

Mon objectif : évaluer mes connaissances sur les mots : origine, formation, sens, champs lexicaux…

Je récapitule mes connaissances

1 Je range chaque mot sous le thème auquel il appartient.

narrateur • entente • prouesse • divertir • irréalisable • intrépide • surnaturel • idéal • féerique • aventures • utopique • mythe • désaccord • biographie • prodigieux • comique • illusion • légende • sympathie • exploit • farce • magicien • complicité • vaillance • respect • récit

Vocabulaire

- du **roman** ……………………………………
- de la **comédie** ……………………………………
- de l'**imaginaire** ……………………………………
- de l'**utopie** ……………………………………
- du **merveilleux** ……………………………………
- des **relations sociales** ……………………………………
- de l'**héroïsme** ……………………………………

Je teste mes connaissances

2 a. J'associe ces mots français aux mots latins dont ils sont issus. 2 points

eau • école • étoile • âne

stella : …………… • asinus : …………… • aqua : …………… • schola : ……………

b. J'associe des préfixes et des radicaux pour former quatre mots. 2 points

dis – hyper – syn – poly • actif – théisme – position – thèse

……………………………………………………………………

c. J'emploie le mot *clair* dans deux phrases : 2 points

– au sens propre : ……………………………………

– au sens figuré : ……………………………………

d. Je réécris ces phrases dans un niveau de langue correct. 2 points

1. Où tu vas ? …………………… 2. Y a plus d'eau. ……………………

e. J'indique de quelle figure de style il s'agit. 2 points

La rivière se prélassait paresseusement sous les rayons du soleil. ……………………

Ma note : ………… / 10

J'applique mes connaissances...

POUR LIRE 3

Resté dans l'angle, derrière la porte, si bien qu'on l'apercevait à peine, le nouveau était un gars de la campagne, d'une quinzaine d'années environ, et plus haut de taille qu'aucun de nous tous. Il avait les cheveux coupés droit sur le front, comme un chantre* de village, l'air raisonnable et fort embarrassé. Quoiqu'il ne fût pas large des épaules, son habit – veste de drap vert à boutons noirs – devait le gêner aux entournures et laissait voir [...] des poignets rouges habitués à être nus. Ses jambes, en bas bleus, sortaient d'un pantalon jaunâtre très tiré par les bretelles. Il était chaussé de souliers forts, mal cirés, garnis de clous.

Flaubert, *Madame Bovary*, 1857.

* **Chantre :** personne qui fait chanter les fidèles à la messe.

1. **Relevez une comparaison :** 3 points

....

Indiquez le comparé : ....

le comparant : ....

2. **Par quel autre adjectif pourrait-on remplacer *forts* (l. 17) dans le texte ?** .... 1 point

3. **Employez l'adjectif *fort* dans une phrase où il aura une autre signification.** .... 1 point

....

4. **Surlignez les mots relatifs au corps humain.** 3 points

5. **Soulignez les passages relatifs à la tenue vestimentaire du personnage.** 4 points

6. **Relevez les expressions qui montrent que le nouveau est un « gars de la campagne ».** 4 points

....

....

....

....

7. **Relevez les expressions qui suggèrent le malaise du personnage.** 4 points

....

Ma note : .... / 20

POUR DIRE 4 **Sur le modèle du texte ci-dessus, décrivez un personnage différent.**

Évaluation collective : **10 points :** conformité avec la construction du texte d'origine
10 points : originalité et qualité du vocabulaire utilisé

Notre note : .... / 20

POUR ÉCRIRE 5 **Un(e) adolescent(e) se trouve projeté(e) dans un univers étrange où il(elle) accomplit des exploits. Racontez ses aventures, en y apportant quelques descriptions.**

1. Tenez compte des mots-clés de la consigne : *adolescent(e), univers étrange, exploit.* 5 points
2. Utilisez le vocabulaire de l'imaginaire. 5 points
3. Utilisez le vocabulaire de l'héroïsme. 5 points
4. Insérez des descriptions là où c'est nécessaire. 5 points

Ma note : .... / 20

Évaluation des compétences travaillées

➥ Observer l'origine et la formation des mots ➥ Analyser le sens des mots ➥ Mettre des mots en réseaux	**Ma note globale : .... / 70** ■ Entre 0 et 17 : maîtrise insuffisante. ■ Entre 18 et 35 : maîtrise fragile. ■ Entre 36 et 53 : maîtrise satisfaisante. ■ Entre 54 et 70 : très bonne maîtrise.

Reportez vos résultats p. 128.

59 Préparation à la dictée

Un témoignage

Mon objectif : mettre en pratique mes connaissances d'orthographe grammaticale et lexicale

1. Je prépare la dictée

Orthographe grammaticale

1. Complétez les verbes avec -*é* ou -*er*. Pour faire la différence, il faut remplacer le verbe par *faire*, *prendre* ou *venir*. Si c'est possible, le verbe est à l'infinitif.

J'ai décid.......... de révis.......... mes leçons. Elle a commenc.........., mais n'a pas pu continu..........

2. Accordez les participes passés si nécessaire (→ pp. 82-83).

La jeune fille s'est levé.......... Une fois sorti.......... de la pièce, elle s'est dirigé.......... vers sa chambre. Elle avait travaillé.......... toute la soirée. Nous l'avons vu.......... qui était penché.......... sur ses livres.

Conjugaison

3. Écrivez les verbes *envoyer*, *batailler* et *rendre* au plus-que-parfait, à la 1re personne du singulier et du pluriel.

j'avais	j'avais	j'avais ....
nous avions	nous avions	nous avions ....

Orthographe lexicale

4. Écrivez les verbes correspondant à ces noms.

attente : .... • souhait : .... • empêchement : ....

5. S'il le faut, complétez ces mots masculins avec un *e*.

comptoir........ • réservoir........ • laboratoir.......... • interrogatoir.......... • abreuvoir........ • auditoir.........

2. J'écris la dictée

....

....

....

....

....

....

....

....

Gaston Leroux, *Le Mystère de la chambre jaune*, 1907.

3. Je corrige mes fautes

Distinguez les fautes d'**accord**, de **conjugaison** et d'orthographe d'**usage**.

....

....

....

....

....

....

J'évalue ma dictée

2 points par faute de grammaire ou de conjugaison, 1 point par faute d'usage, 0,5 point par faute de ponctuation, d'accent d'usage, de majuscule. **Ma note : .... /20**

60 Méthode

Comment relire un devoir d'expression écrite ?

Mon objectif : **adopter une bonne technique pour corriger et améliorer mes rédactions**

- Pour une autocorrection efficace, je dois **relire mon brouillon plusieurs fois** en vérifiant des points précis.
- Pour m'aider à vérifier ces points, je remplis la **grille d'autocorrection** en mettant une croix dans chacune des rubriques.
Si nécessaire, je recopie cette grille sur une feuille.

	Devoir n°								
Je vérifie mon expression écrite	**1**	**2**	**3**	**4**	**5**	**6**	**7**	**8**	**9**
1. J'ai commencé par **lire** et **analyser** le **sujet** à traiter. Je vérifie que j'ai bien respecté le sujet quand j'ai rédigé le devoir.									
2. Mon devoir comporte plusieurs **paragraphes** correspondant aux différentes parties du devoir. Ils commencent tous par un **alinéa**.									
3. J'ai utilisé des **mots de liaison** (connecteurs) pour relier les faits ou les idées. Je les souligne sur mon brouillon.									
4. Je vérifie la **construction** de chaque **phrase**. Si certaines sont longues et confuses, je les remplace par plusieurs phrases courtes et claires.									
5. Je supprime les **répétitions**.									
6. Je remplace les mots **banals** ou **vagues** par un vocabulaire précis et varié.									
7. S'il s'agit d'un récit, je vérifie que j'ai respecté le **temps dominant** (passé simple, passé composé ou présent) et que les autres temps utilisés sont en **concordance** avec lui.									
8. J'ajoute des **précisions** ou des **enrichissements** (expansions du GN ou du verbe...).									
9. Je vérifie les **accords** (verbes, adjectifs...).									
10. Je corrige les **fautes d'orthographe d'usage**.									
11. Je vérifie la **ponctuation**.									

En résumé

Un brouillon ne doit être recopié qu'après **plusieurs relectures** spécifiques, avec les **corrections** qu'elles entraînent.

Vérifiez que vous avez bien compris en complétant la fiche imprimable.

bordas.media/733822_113

61 Organiser un récit

+ d'autres exercices numériques
bordas.media/733822_114

Mon objectif : savoir construire un récit ; savoir choisir la personne et le temps du récit

J'apprends et je m'exerce

Je fais le plan du récit

- Je suis un **schéma narratif** :

Situation initiale → Événement déclencheur → Péripéties → Solution inattendue → Situation finale

1 * **À partir de la situation initiale ci-dessous, imaginez un récit et faites-en le plan.**

Je sortais du collège, comme tous les jours, à la fin des cours.

événement déclencheur : ……………………………………

péripéties : ……………………………………

……………………………………

……………………………………

solution inattendue : ……………………………………

situation finale : ……………………………………

Je structure le texte

- Je **relie** les faits avec des **mots de liaison** (connecteurs) : *et, mais, car, donc, c'est pourquoi…*
- Je marque les **étapes** du récit grâce à des **compléments** et **adverbes de temps** : *puis, plus tard, soudain, tout à coup, un mois plus tard…*

L'**ordre chronologique** est celui dans lequel les faits se sont déroulés dans le temps.

2 * **Remettez ces mots et expressions dans un ordre chronologique.**

le lendemain, puis, ce matin-là, quelques jours plus tard, d'abord

……………………………………

……………………………………

3 ** **Complétez le texte avec des mots de liaison et des compléments de temps.**

……………………, les trois amis se promenaient le long d'une rivière. …………………… ils aperçoivent un objet insolite posé au fond d'une barque. ……………………, ils montent dans la barque. …………………… celle-ci se détache…

Je choisis la personne du récit

- À la **1re personne**, le narrateur (qui dit « je ») est un **personnage de l'histoire**.
- À la **3e personne**, le narrateur est **extérieur à l'histoire**.

4 ** **Découverte d'un message secret. Commencez le récit à la 1re personne.**

……………………………………

……………………………………

5 * **Réécrivez à la 3e personne ce que vous avez raconté dans l'exercice précédent.**

……………………………………

……………………………………

Je choisis le temps du récit

- Je choisis le **passé** pour un récit **classique** : **passé simple** → faits de premier plan, **imparfait** → faits d'arrière-plan (→ pp. 58-59), **plus-que-parfait** → faits antérieurs, **conditionnel présent** → faits postérieurs.
- Je choisis le **présent** pour un récit proche de l'**oral** : **passé composé** → faits antérieurs, **futur** → faits postérieurs.

6 ** **Continuez l'exercice 4 ou 5 sous forme d'un récit au passé.**

....

....

....

....

7 ** **Réécrivez ce que vous venez d'écrire, sous forme d'un récit au présent.**

....

....

....

....

J'utilise ce que j'ai appris...

POUR LIRE **8** Un dimanche soir, Maubert Isabeau, boulanger sur la place de l'église, à Faverolles, se disposait à se coucher, lorsqu'il entendit un coup violent dans la devanture grillée et vitrée de sa boutique. Il arriva à temps pour voir un bras passé à travers un trou fait d'un coup de poing dans la grille et dans la vitre. Le bras saisit un pain et l'emporta. Isabeau sortit en hâte ; le voleur s'enfuyait à toutes jambes : Isabeau courut après lui et l'arrêta.

Victor HUGO, *Les Misérables*, 1862.

a. Mettez une barre entre la situation initiale et l'événement déclencheur. ..../2

b. À quelle personne le récit est-il fait ? ..../2

c. Quels sont les temps utilisés ? Justifiez chacun d'eux. ..../4

....

....

d. Dans la première phrase, soulignez les compléments qui situent les faits dans le temps. ..../2

Ma note : ..../ 10

POUR DIRE **9** **À partir de l'exercice 3 ou 4, racontez oralement une histoire bien construite.**

POUR ÉCRIRE **10** **Imaginez une suite au texte de l'exercice 8. Faites un plan détaillé, puis rédigez votre récit, en utilisant des mots de liaison, des adverbes et GN compléments de temps.**

Autoévaluation

	Oui	Non
J'ai lu attentivement le texte pour en écrire une suite cohérente.		
J'ai fait un plan conforme au schéma narratif.		
J'ai rédigé le devoir en suivant mon plan.		
J'ai employé des mots de liaison, des adverbes et des compléments de temps.		

J'ai obtenu :
- 1 oui = Je remanie profondément le devoir.
- 2 oui = Je fais toutes les corrections.
- 3 oui = C'est bien.
- 4 oui = Bravo ! Mais je relis et améliore mon devoir.

62 Raconter en exprimant ce que l'on ressent

d'autres exercices numériques
bordas.media/733822_116

Mon objectif : rendre mes récits plus intéressants, grâce à l'expression des sensations et des sentiments

J'apprends et je m'exerce

J'exprime les sentiments des personnages

- J'utilise un **vocabulaire affectif** : ***bonheur :*** *se réjouir, apprécier, joie, allégresse, plaisir…* ***peur :*** *effrayé(e), effroi, terreur, angoisse…* ***rejet :*** *haine, dégoût, répulsion, colère, fureur…*
- J'exprime les **manifestations physiques** des sentiments éprouvés : *tétanisé(e), cloué(e) de peur, mains moites, tremblements, pâleur, rougeur, cris de joie…*

1 ★★ **Continuez ces phrases en exprimant ce qu'éprouve le narrateur : sentiments et manifestations physiques.**

1. C'était mon tour de monter sur scène pour jouer. Je ……………………………………

……………………………………………………………………………

……………………………………………………………………………

2. En apprenant qu'elle était reçue à son examen, elle ……………………………………

……………………………………………………………………………

……………………………………………………………………………

J'exprime les sensations éprouvées

- J'utilise le **vocabulaire** des **sensations** : *la fatigue, le chaud, le froid, l'éblouissement, le vacarme, les parfums…*

2 ★★ **Continuez ces phrases en exprimant des sensations.**

1. Je plongeai dans le bassin creusé par le torrent. Aussitôt, ……………………………………

……………………………………………………………………………

……………………………………………………………………………

2. Il ouvrit la porte de la cuisine où se préparait le repas d'anniversaire. ……………………

……………………………………………………………………………

……………………………………………………………………………

J'introduis l'expression des sentiments dans mon récit

- J'annonce ce qu'éprouvent les personnages grâce à des **verbes** et **expressions** comme : *ressentir, éprouver, se sentir, devenir, être envahi(e), se laisser submerger par…*

3 ★★ **Complétez ces phrases avec un verbe ou une expression, notamment de la liste ci-dessus. Puis décrivez les sentiments éprouvés.**

1. En découvrant enfin la vérité, je ……………………………………

……………………………………………………………………………

……………………………………………………………………………

2. Devant ce merveilleux spectacle, ils ……………………………………

……………………………………………………………………………

……………………………………………………………………………

3. Elle serra dans ses bras son amie qu'elle pensait ne jamais revoir. Elle ……………………

……………………………………………………………………………

……………………………………………………………………………

4 **Poursuivez ce récit en y insérant l'expression de sentiments variés et adaptés à la situation.**

Je devais me rendre à l'évidence : j'étais perdu(e) ! Cette forêt que je croyais bien connaître m'était désormais étrangère et la nuit n'allait pas tarder à tomber.

....

....

....

....

....

....

....

....

J'utilise ce que j'ai appris...

POUR LIRE **5** Bargabot* était mon grand homme : je l'admirais. Pourtant ses yeux gris et rusés m'inspiraient de la crainte ; et, à cause de cette crainte, mon amitié restait cachée au fond de moi. Quand il était là, j'avais un peu peur ; quand il n'y était plus, je le regrettais. Si dans la cour j'entendais glisser ses espadrilles, mon cœur se mettait à battre. Bien vite, il s'était aperçu de l'intérêt que je portais à sa personne. Mais par feinte il prenait des airs indifférents qui me mettaient au supplice. Parfois on ne le voyait pas de quinze jours. Je ne tenais plus en place. Une envie folle me prenait de m'enfuir jusqu'à la rivière. Mais je craignais mon père.

Henri Bosco, *L'Enfant et la rivière*, © Gallimard, 1953.

* **Bargabot :** C'est un braconnier, un homme un peu mystérieux, qui vit près de la rivière.

a. Quels sentiments contradictoires le narrateur éprouve-t-il à l'égard de Bargabot ? .... /2

....

....

b. Soulignez les mots qui expriment des sentiments. .... /6

c. Pendant cette période de la vie du narrateur, quel est le sentiment qui domine en lui ? .... /1

....

d. Relevez les 2 expressions qui traduisent la manifestation physique d'une émotion. .... /1

....

Ma note : .... / 10

POUR DIRE **6** **Racontez dans quelles circonstances vous avez éprouvé une grande émotion (joie, peur, déception...). Insistez sur l'expression des sentiments.**

POUR ÉCRIRE **7** **Imaginez que vous rencontriez un personnage pour qui vous avez une grande admiration. Racontez dans quelles circonstances se fait la rencontre et insistez sur la variété d'émotions et de sentiments éprouvés.**

63 Enrichir un récit en insérant des descriptions

d'autres exercices numériques
bordas.media/733822_118

Mon objectif : **rendre mes récits plus intéressants, grâce aux descriptions**

J'apprends et je m'exerce

Je décris le décor des événements

- Dès le **début** d'un récit, je décris le **lieu** où se passent les premiers faits grâce à un **vocabulaire** précis et évocateur.
- Puis je donne à « **voir** » le **décor** tout au long de la narration.
- Je rends l'**atmosphère** qui entoure les faits : *apaisant, joyeux, sinistre, inquiétant*…

1 ** **Voici le début d'une nouvelle. Poursuivez avec une description précise du lieu.**

Avant de décrire, faites-vous une **représentation** précise et personnelle du lieu.

1. C'était dimanche, jour de marché, sur la place du village.

2 ** a. **Lisez ce texte.**

Tout ce que j'ai vu de la calèche était rebutant : des ruelles infectes, pavoisées de linge sale, de vieilles bâtisses suintantes, tachées d'infiltrations graisseuses, des tas d'ordures, des échoppes, des guenilles, tout cela sous une petite pluie.

Hippolyte TAINE, *Voyage en Italie*, 1866.

b. **Réécrivez le texte en évoquant une atmosphère complètement différente. Commencez par :**

Tout ce que j'ai vu de la calèche était charmant :

Je décris les personnages

- Je décris leur **physique** : silhouette, visage, vêtements…
- Je décris leur **caractère** ou je le fais deviner en rapportant leurs **actions** :
Il répondait avec brusquerie aux questions et marmonnait entre ses dents.

3 ** **Sur le modèle de ce texte, rédigez une description qui fera deviner le caractère d'un personnage. Ce caractère devra être différent de celui du modèle.**

C'était un homme de trente-cinq ans environ, grand, d'un blond ardent, de figure dure, le regard impérieux, l'abord peu sympathique. Son attitude indiquait l'homme hautain et dédaigneux. À plusieurs reprises, il s'adressa aux servants du bord, ce qui me permit d'entendre sa voix sèche, désagréable et le ton cassant de ses questions.

Jules VERNE, *Le Secret de Wilhelm Storitz*, 1910.

J'applique les techniques de la description

- **J'annonce** les descriptions par des **verbes de perception** : *voir, distinguer, entendre...*
- **Je construis** une description grâce à des **compléments** et **adverbes de lieu** : *à l'horizon, en haut, plus bas, le long du chemin, derrière la maison...*
- **Je précise** et **développe** une description avec des **expansions du nom** (épithètes, CDN, relatives) et des **comparaisons**, **métaphores**, **personnifications** (→ pp. 108-109).

4 ** **Continuez ce qui suit avec une description. Appliquez les techniques présentées ci-dessus.**

Ils poussèrent la porte et entrèrent ....

....

....

....

....

....

....

....

....

J'utilise ce que j'ai appris...

POUR LIRE **5** Dans le ciel de velours violet, les étoiles brillaient, innombrables. Ce n'étaient plus les douces étoiles de l'été. Elles scintillaient durement, claires et froides, cristallisées par le gel de la nuit. Sur la Tête-Rouge*, que l'on devinait dans l'ombre, une grosse planète était pendue comme une lanterne, si proche que l'on croyait voir l'espace derrière elle. Pas un bruit, pas un murmure, et dans le silence glacé nos pas sonnaient sur les dures pierres de Noël.

Marcel PAGNOL, *Le Château de ma mère*, 1957, coll. « Fortunio », éd. de Fallois,
© Marcel Pagnol, 2004.

* **Tête-Rouge** : colline proche de Marseille.

a. Soulignez les termes appartenant au vocabulaire de la *lumière*. ..../6

b. Entourez le vocabulaire du *froid*. ..../3

c. Quelles impressions dominantes se dégagent de ce paysage ? ..../1

....

Ma note : .... / 10

POUR DIRE **6** **Au cours d'une promenade, vous avez fait une découverte étonnante. Faites-en le récit en y intégrant des descriptions.**

POUR ÉCRIRE **7** **Écrivez le début d'un conte ou d'une nouvelle. Décrivez le décor et faites le portrait du personnage principal. Appliquez les techniques de description.**

Autoévaluation

	Oui	Non
J'ai imaginé et écrit le début d'un conte (d'une nouvelle).		
J'ai décrit le décor et suggéré une atmosphère.		
J'ai fait le portrait du personnage principal, en suggérant son caractère.		
J'ai appliqué les techniques de description (encadré ci-dessus).		

J'ai obtenu :
- 1 oui = Je remanie profondément le devoir.
- 2 oui = Je fais toutes les corrections.
- 3 oui = C'est bien.
- 4 oui = Bravo ! Mais je relis et améliore mon devoir.

64 Enrichir un récit en insérant des dialogues

d'autres exercices numériques
bordas.media/733822_120

Mon objectif : rendre mes récits plus vivants, grâce aux dialogues

J'apprends et je m'exerce

Je repère dans le récit les moments propices au dialogue

- J'insère des **dialogues** dans un **récit** :
  – pour faire **vivre** les personnages ;
  – pour leur permettre de **s'exprimer** ;
  – pour faire comprendre leurs **actes** et leur **caractère**.
- J'alterne **récit** et **dialogue** pour éviter la monotonie.

1 * **Faites le plan du sujet de devoir ci-dessous. Soulignez les passages où vous intégrerez un dialogue.**

Vous ramenez un chat perdu à son (sa) propriétaire. Racontez.

J'annonce les répliques de dialogue

- Dans la phrase de **récit** qui **précède** une réplique de dialogue, je peux utiliser un **verbe de parole** (*dire, demander, répondre, répliquer, affirmer, s'écrier, s'exclamer, hurler, chuchoter, avouer,* …) suivi d'un deux-points.
  Elle ouvrit la porte et s'exclama : « Que s'est-il passé ? »

2 ** **Complétez les phrases avec un verbe de parole, adapté à la situation. Puis faites-les suivre d'une brève réplique de dialogue.**

1. Furieux, il …
2. Marchant sur la pointe des pieds, elle …
3. L'enfant prit un air penaud et …

Je présente correctement les répliques de dialogue

- Je fais **précéder** chaque nouvelle réplique de dialogue d'un **tiret**.
- Je mets entre **guillemets** une réplique isolée ou tout un dialogue.
- Je coupe ou je termine une réplique par une **proposition incise**, contenant un verbe de parole et un sujet inversé : *« Je reviendrai demain », promit la jeune fille.*

Il n'y a **pas de tiret** après des guillemets.

3 * **Faites suivre cette phrase de récit de quelques répliques de dialogue, sans oublier les propositions incises.**

Max et Samia réfléchissaient à l'organisation de la fête. Soudain, Samia s'écria :

....

....

....

....

Je donne vie à mes personnages

- Une réplique de dialogue doit **correspondre** :
  - à la **situation d'énonciation** (→ p. 98),
  - à la **personnalité** de celui ou celle qui s'exprime,
  - aux **sentiments** qu'il ou elle éprouve.

4 ** **Reprenez les répliques que vous avez écrites dans l'exercice 3. Remaniez-les pour faire sentir les différences de personnalité entre les deux interlocuteurs.**

....

....

....

....

....

....

J'utilise ce que j'ai appris...

POUR LIRE 5 Un jour cependant, Vendredi montra à Robinson une tache blanche qui palpitait dans l'herbe, et il lui dit :

– Marguerite.

– Oui, répondit Robinson, c'est une marguerite.

Mais à peine avait-il prononcé ces mots que la marguerite battait des ailes et s'envolait.

– Tu vois, dit-il aussitôt, nous nous sommes trompés. Ce n'était pas une marguerite, c'était un papillon.

– Un papillon blanc, rétorqua Vendredi, c'est une marguerite qui vole.

Michel Tournier, *Vendredi ou la vie sauvage*, © Gallimard, 1971.

a. Soulignez les paroles rapportées.

b. Entourez les verbes de parole, avant le dialogue ou dans les propositions incises.

c. Mettez entre crochets les propositions incises.

POUR DIRE 6 **Deux élèves jouent la scène ci-dessus. Ensuite, leurs camarades prennent la parole pour noter ce qui différencie un dialogue oral et un dialogue inséré dans un récit.**

POUR ÉCRIRE 7 **Traitez le sujet proposé dans l'exercice 1. Développez le récit et insérez des dialogues. Tenez compte des conseils donnés dans les encadrés.**

Autoévaluation

	Oui	Non
J'ai traité le sujet : la restitution d'un chat.		
J'ai développé le plan que j'ai fait dans l'exercice 1.		
J'ai intégré des dialogues là où c'était utile.		
J'ai respecté tous les conseils donnés dans cette fiche.		

J'ai obtenu :
- **1 oui** = Je relis la consigne de l'exercice 1, les encadrés de leçon et je remanie mon récit.
- **2 oui** = Je fais les corrections nécessaires.
- **3 oui** = C'est bien.
- **4 oui** = Bravo !

65 Écrire la suite d'un récit

d'autres exercices numériques
bordas.media/733822_122

Mon objectif : connaître les techniques pour écrire des suites de récits cohérentes et intéressantes

J'apprends et je m'exerce

J'identifie le genre du récit

- **S'agit-il d'un récit réaliste ?** Une histoire vraie ou qui semble vraie.
- **S'agit-il d'une fiction ?** Un roman d'aventures, une énigme policière, un récit fantastique, un roman de science-fiction…

1 * En marchant dans cette vallée, Sindbad remarqua qu'elle était parsemée de diamants d'une grosseur surprenante et il avait beaucoup de plaisir à les regarder. Peu de temps après, ce qu'il vit le plongea dans l'effroi : c'était un grand nombre de serpents si gros et si longs qu'ils auraient pu engloutir un éléphant.

D'après *Les Aventures de Sindbad le Marin*, vers 837.

En consultant l'encadré ci-dessus, indiquez à quel genre ce récit appartient. Justifiez votre réponse.

....

....

....

J'identifie le lieu, le moment, les personnages du récit

- À quel **moment** les faits se déroulent-ils ? À notre époque, dans le passé, à une époque indéterminée ?
- Dans quel **lieu** ?
- Que sait-on des **personnages**, de leur situation, de leur caractère ?

2 * **Donnez ces précisions sur le texte 1.**

a. Époque : ☐ contemporaine, ☐ ancienne, ☐ indéterminée

b. Lieu : ....

c. Ce que l'on sait du personnage : ....

....

Je repère les indices grammaticaux à respecter

- Quelle est la **personne** du récit ? La 1re (*je, nous*) ou la 3e (*il, elle, eux*…).
- Quel est le **temps dominant** du récit ? Récit au présent, au passé simple ou au passé composé.
- Quel est le **niveau de langue** ? Courant, soutenu ou familier.

3 * **Précisez les indices grammaticaux du texte 1 à respecter.**

a. Personne du récit : ....

b. Temps du récit : ....

c. Niveau de langue : ....

Je cherche comment se situe l'extrait dans le récit

Pour revoir le **schéma narratif**, → p. 114.

- S'agit-il de la situation initiale, de l'événement déclencheur, etc. ?

4 * **Dans l'épisode des *Aventures de Sindbad le Marin* :**
a. soulignez la situation initiale, b. mettez entre crochets l'événement déclencheur.

Je rédige

- Je reprends la **dernière phrase** du texte.
- J'imagine une histoire **cohérente** par rapport au texte d'origine.
- Je m'efforce de rendre mon récit **intéressant**.

5 ** **Je commence à rédiger la suite du texte de l'exercice 1.**

Si on **connaît la suite** écrite par l'auteur, on n'en tient pas compte.

J'utilise ce que j'ai appris...

POUR LIRE 6 *(Le jeune narrateur connaît l'emplacement d'un trésor sur une île lointaine. Il fuit un pirate et ses complices qui sont sur ses traces.)*

Du flanc de la colline, qui était à cet endroit abrupte et rocheuse, une petite avalanche de pierres dégringola avec fracas en bondissant parmi les arbres. Ayant tourné les yeux instinctivement dans cette direction, je vis une forme indistincte sauter rapidement derrière le tronc d'un pin. Je fus incapable de discerner si c'était un singe ou un homme.

Robert Louis Stevenson, *L'Île au trésor*, 1882, trad. J. Papy, © Gallimard, 1997.

a. Notez ce qui caractérise ce récit.

Époque :

Lieu :

Personnages :

b. Quel est l'événement déclencheur ?

POUR DIRE 7 **Imaginez quelques faits ayant précédé cet épisode.**

POUR ÉCRIRE 8 **Inventez et racontez une suite de l'extrait ci-dessus.**
Appliquez les 5 étapes de la préparation et de la rédaction d'une suite de texte.

Autoévaluation

	Oui	Non
J'ai lu attentivement le texte avant d'en écrire la suite.		
J'ai répondu à chaque question présentée dans les encadrés.		
J'ai repris la dernière phrase du texte.		
J'ai imaginé une suite cohérente et intéressante.		

J'ai obtenu : ■ **1 oui** = Je remanie profondément le devoir. ■ **2 oui** = Je fais toutes les corrections.
■ **3 oui** = C'est bien, mais je corrige ce qui est nécessaire. ■ **4 oui** = Bravo ! Mais je relis et améliore mon devoir.

Évaluation

66 L'expression écrite

Mon objectif : évaluer mes capacités à produire un texte cohérent et bien relu

Je récapitule mes connaissances

1 Je complète.

- **Les étapes du schéma narratif sont**
  - la situation initiale
  - ....
  - ....
  - ....
  - la situation finale

- **Je structure le texte et marque les étapes du récit grâce à :**

....

- **Dans un récit au passé,** le .... est utilisé pour les faits de premier plan, l'imparfait pour les faits ...., le .... pour les faits antérieurs, le conditionnel présent pour les faits ....

- **Je peux enrichir un récit en y insérant**
  - l'expression de sentiments
  - des ....
  - des ....

- **Je cite les caractéristiques d'un dialogue inséré dans un récit :**

....

- **Si je dois écrire la suite d'un texte, j'observe dans le texte ce que je dois respecter pour écrire cette suite :** ....

....

Je teste mes connaissances

2 a. Je mets les verbes aux temps qui conviennent dans un récit au passé. 3 points

Quand le pêcheur (arriver) .... au bord de l'étang qui (briller) .... au soleil, il (s'apercevoir) .... qu'il (oublier) .... ses hameçons. Il (décider) .... qu'il (revenir) .... le lendemain.

b. J'indique quelles descriptions je pourrais insérer en développant ce sujet. 3 points

Au cours d'une promenade en montagne, vous faites la connaissance d'un berger.

....

c. Je donne à ce texte la forme d'un dialogue dans un récit. 4 points

Lily s'écria : Ouf, c'est fini ! Pas du tout, lui répondit Théo. Cela ne fait que commencer.

....

....

....

1 point par réponse juste ■ Ma note : .... / 10

J'applique mes connaissances...

POUR LIRE 3

Droit devant nous, à l'extrémité sud, nous vîmes l'épave d'un navire totalement délabré. Ce grand trois-mâts, exposé depuis des années aux intempéries, se trouvait envahi par un véritable réseau d'algues ruisselantes ; sur le pont avaient pris racine des buissons du rivage, à présent tout couverts de fleurs. Ce spectacle attristant nous prouvait combien le mouillage était calme.

– Tiens, me dit Hands, voilà un coin épatant pour échouer un bateau. Un beau fond de sable fin ; jamais une risée et des fleurs qui poussent sur ce vieux rafiot pareil que dans un jardin. [...]

J'étais tellement absorbé, dans l'attente de l'échouage du navire, que j'avais tout à fait oublié le danger suspendu au-dessus de ma tête : penché sur le bastingage de tribord, je regardais les rides s'élargir sur l'eau devant l'étrave. Peut-être serais-je mort sans avoir pu lutter pour me défendre, si je n'avais pas tourné la tête sous l'effet d'une soudaine inquiétude.

Robert Louis Stevenson, *L'Île au trésor*, trad. J. Papy, © Gallimard, 1999.

1. **À quelle personne le récit est-il fait ?** .... 1 point
2. **À quel temps est la 1re phrase ? Pourquoi ?** 2 points

....

....

3. **À quel temps est la 2e phrase ? Pourquoi ?** 2 points

....

....

4. **Mettez entre crochets les passages descriptifs.** 4 points
5. **Quel est le niveau de langue du passage au discours direct ? Justifiez votre réponse.** 4 points

....

6. **Relevez la proposition incise.** .... 1 point
7. **Surlignez tout ce qui exprime ce que ressent le narrateur.** 4 points
8. **Quelle phrase annonce que les événements vont prendre une nouvelle tournure ?** 2 points

....

Ma note : .... / 20

POUR DIRE 4 [par groupes] **Rédigez un récit d'aventures. Puis lisez-le en classe : un(e) élève lit les phrases de récit, un(e) autre les descriptions, un(e) ou plusieurs autres les dialogues.**

Évaluation collective : **10 points** : intérêt et correction du récit
10 points : respect des consignes

Notre note : .... / 20

POUR ÉCRIRE 5 **Poursuivez le récit ci-dessus. Enrichissez-le avec des descriptions, des dialogues et l'expression de sentiments.**

1. Tenez compte de chaque fait du récit d'origine pour en écrire une suite cohérente. 6 points
2. Respectez la personne et les temps du récit d'origine. 2 points
3. Insérez des descriptions. 4 points
4. Insérez des dialogues. 4 points
5. Exprimez les sentiments du narrateur. 4 points

Ma note : .... / 20

Évaluation des compétences travaillées

➥ **Construire les notions permettant l'analyse et l'élaboration des textes et des discours** ➥ **Prendre en compte les caractéristiques des textes lus et à rédiger**	**Ma note globale : .... / 70** ■ **Entre 0 et 17** : maîtrise insuffisante. ■ **Entre 18 et 35** : maîtrise fragile.	■ **Entre 36 et 53** : maîtrise satisfaisante. ■ **Entre 54 et 70** : très bonne maîtrise.

Reportez les résultats de l'évaluation p. 128.

67

Préparation à la dictée

Une agréable eau fraîche

Mon objectif : mettre en pratique mes connaissances d'orthographe grammaticale et lexicale

1. Je prépare la dictée

Orthographe grammaticale

1. Accordez les participes passés employés sans auxiliaire. (→ p. 82)

Un tas de feuilles tomb..........., jauni........... par l'automne.

2. *Se* précède un verbe. Si on le conjugue, *se* devient *me*, *te*, etc. *Ce* précède le plus souvent un nom ou un pronom relatif. Complétez cette phrase avec *ce* et *se*.

.... que nous étudions en .... moment .... retient aisément.

Conjugaison

3. Conjuguez le verbe *croire* au passé simple.

je .... tu .... il, elle ....

nous .... vous .... ils, elles ....

Orthographe lexicale

4. Complétez ces noms (au singulier) avec leur lettre finale.

tapi....... • rédui....... • fouilli....... • orti....... • bouilli....... • repo....... • entrepô....... • siro.......

5. Donnez les noms féminins correspondant à ces mots.

lent : .... • brûler : ....

2. J'écris la dictée

(Un jeune garçon, Martin, a dû s'enfuir et se réfugier dans les bois. Il se souvient d'une source où était gravé un signe mystérieux et part à sa recherche.)

....

....

....

....

....

....

....

....

....

Jean-Côme Noguès, *Le Faucon déniché*, 1972, coll. « Pleine lune », © Nathan, 2011.

3. Je corrige mes fautes

Distinguez les fautes d'**accord**, de **conjugaison** et d'orthographe d'**usage**.

....

....

....

....

....

J'évalue ma dictée

2 points par faute de grammaire ou de conjugaison, 1 point par faute d'usage, 0,5 point par faute de ponctuation, d'accent d'usage, de majuscule.

Ma note : .... /20

Je teste mes acquis de la classe de 5e

Mon objectif : **vérifier que j'ai acquis les fondamentaux du programme de 5e**

Grammaire

1 point par réponse juste ..../ 5

1. *Nous sommes prêts à nous lancer dans l'aventure.* La nature du groupe de mots souligné est :

....

2. *Elle travaille dur pour obtenir son diplôme.* La fonction du groupe de mots souligné est : ....

3. *J'ai répondu à ceux qui me questionnaient.* Je remplace les mots soulignés par un pronom personnel.

....

4. *N'aimes-tu pas la musique ?* Je coche les cases correspondant à cette phrase.
☐ déclarative • ☐ impérative • ☐ interrogative • ☐ négative

5. *On chante et on danse.* Je coche la case correspondant à la proposition soulignée.
☐ principale • ☐ subordonnée • ☐ indépendante coordonnée

Conjugaison

............/ 5

1. *Un écureuil* ***est*** *un rongeur.* Je coche la case correspondant à cet emploi du présent.
☐ actualité • ☐ narration • ☐ description • ☐ vérité générale

2. Je complète le verbe. *Un jour, je rencontr........... un camarade que j'avais connu il y a longtemps.*

3. Je mets le verbe à l'imparfait. *Vous le (contrarier)* ....

4. J'indique le mode du verbe souligné. *Nous voudrions entrer.* ....

5. J'indique le mode du verbe souligné. *On veut que je répète ce que je sais.* ....

Orthographe

............/ 5

Dans chaque phrase, je surligne le mot mal orthographié et je le corrige.

1. Le jour où nous partions, la voiture n'a pas démarrée. ....

2. Chacun de ceux qui étaient là s'amusaient beaucoup. ....

3. Il s'y connaît en mécanique, moi je ni comprends rien. ....

4. J'aimerai bien posséder un cheval. ....

5. La journée a été dominée par le vent et un soleil aveuglants. ....

Vocabulaire et expression écrite

............/ 5

1. Je décompose le mot *irréel* en préfixe et suffixe : ....

2. Au quotidien, on doit utiliser une niveau de langue : ☐ courant • ☐ familier • ☐ soutenu

3. *On nous répondit sèchement.* L'adverbe *sèchement* est au sens : ☐ propre • ☐ figuré

4. *Il nous accabla d'un déluge de recommandations.* Je coche la case correspondant à la figure de style soulignée. ☐ comparaison • ☐ métaphore • ☐ personnification

5. J'indique quel signe on met devant une réplique de dialogue pour indiquer qu'on change d'interlocuteur.

....

Ma note : ..../ 20

Évaluation globale

J'évalue mes compétences

- Je reporte les résultats de chacune des sept évaluations en plaçant les croix dans la colonne « Maîtrise » correspondante : **insuffisante, fragile, satisfaisante, très bonne**.
- Je surligne le total de croix le plus élevé.

Évaluation des compétences travaillées		Maîtrise			
		insuffisante	fragile	satisfaisante	très bonne
➥ Analyser les constituants de la phrase simple, obligatoires ou non ➥ Identifier les groupes syntaxiques : classes de mots et fonctions	Évaluation p. 28				
➥ Connaître le fonctionnement de la phrase simple et de la phrase complexe ➥ Identifier les types et les formes de phrase	Évaluation p. 46				
➥ Identifier les principaux temps et modes ➥ Identifier le lien entre le temps, le mode et le sens	Évaluation p. 70				
➥ Connaître le fonctionnement des chaînes d'accord ➥ Connaître les différences entre l'oral et l'écrit	Évaluation p. 88				
➥ Observer l'origine et la formation des mots ➥ Analyser le sens des mots ➥ Mettre des mots en réseaux	Évaluation p. 110				
➥ Construire les notions permettant l'analyse et l'élaboration des textes et des discours ➥ Prendre en compte les caractéristiques des textes lus et à rédiger	Évaluation p. 124				
	TOTAL				

Nous remercions chaleureusement Amélie Berthou-Sergeant pour sa relecture.

Édition : Françoise Lepage • Conception graphique : Pierre Taillemite • Mise en pages : Pictorus • Illustrations (intérieur) : Adrien Siroy • Illustrations (p. 114, 116, 118, 120, 122) : Frédérique Vayssières • Illustrations (couverture et p. 1 à 5) : Jean-Christophe Raufflet
Correction : Anne Dellenbach-Pesqué • Fabrication : Jean-Philippe Dore

FSC www.fsc.org MIXTE Papier issu de sources responsables FSC® C022030

Bordas est un éditeur qui s'engage pour la préservation de l'environnement et utilise du papier issu de forêts gérées de manière responsable et d'autres sources contrôlées.

Ce cahier a été imprimé en France en août 2021 par IPS, imprimeur certifié IMPRIM'VERT®

N° de projet : 10276784• Dépôt légal : mars 2021